MASKEN DES MASKULINEN
Neue Reden zur Männerbefreiung

Richard Rohr

MASKEN DES MASKULINEN

Neue Reden zur Männerbefreiung

Aus dem Amerikanischen übersetzt
von Arno Kohlhoff
und Andreas Ebert

Bearbeitet und mit einem
Vorwort versehen von
Andreas Ebert
und Wolfram Nugel

Claudius

Titel der amerikanischen Originalausgabe
»The Wild Mans Journey:
Reflections on Male Spirituality«
by Richard Rohr and Joseph Martos.
St. Anthony Messenger Press 1992
© 1992, Richard Rohr and Joseph Martos.
Erweitert um Originalbeiträge von Richard Rohr,
gehalten auf seiner Deutschlandreise im Juni 1993.

Bildnachweis: Süddeutscher Verlag, Bilderdienst (23, 25, 107), Lachmann (42, 55, 72), Lutherische Liturgische Konferenz (49), Archiv für Kunst und Geschichte, Berlin (61, 65, 91, 146, 171), Stoja-Verlag (65), Julius Schnorr von Carolsfeld (96, 131, 141), Pressebild Poss (110), Editions ADMIRA & Hollywood Photographers Archives (112), Unbekannt (121), Leni Riefenstahl (134), Martin v. Wagner-Museum, Würzburg (146)

Die Deutsche Bibliothek – CIP-Einheitsaufnahme

Rohr, Richard:
Masken des Maskulinen : neue Reden zur Männerbefreiung / Richard Rohr. Aus dem Amerikan. übers. von Arno Kohlhoff. Bearb. und mit einem Vorw. vers. von Andreas Ebert und Wolfram Nugel. – München : Claudius, 1993
  Einheitssacht.: The wild man's journey ⟨dt.⟩
  Teilausg.
  ISBN 3-532-62158-4
NE: Ebert, Andreas [Bearb.]

© Claudius Verlag München 1993
Alle Rechte, auch die auszugsweisen
Nachdrucke, der photomechanischen
Wiedergabe und der Übersetzung, vorbehalten
Umschlaggestaltung: Werner Richter
Gestaltung: Dorothee Bauer
Satz aus der Baskerville durch
Satzherstellung Stahringer
Druck: gwd Hans Venus GmbH, München
ISBN 3-532-62158-4

INHALT

Vorwort der Herausgeber ... 7

1. Die Aufgabe der Integration ... 11
2. Der Mann als Macher ... 21
3. Der Mann als Aggressor ... 27
4. Vater-Hunger ... 33
5. Die leere Seele ... 39
6. Der Mann ohne Balance ... 45
7. Leib, Seele, Geist – die menschliche Dreieinigkeit ... 53
8. Männliche Initiation ... 67
9. Die Reise des Wilden Mannes ... 75
10. Männliche Archetypen – vier Masken des Maskulinen ... 85
    1. *Der König* ... 89
    2. *Der Krieger* ... 100
    3. *Der Magier* ... 109
    4. *Der Liebhaber* ... 118
11. Der Körper – Mikrokosmos der Ganzheit ... 129
12. Das Ewig-Weibliche zieht uns hinab ... 139
13. Geschaffen als Mann und Frau ... 153
14. Männliche Spiritualität ... 159
15. Märchen: Der rußige Bruder ... 167

VORWORT DER HERAUSGEBER

Als 1986 unter dem Titel »Der wilde Mann« Richard Rohrs geistliche Reden zur Männerbefreiung erschienen, gab es auf dem deutschsprachigen Buchmarkt so gut wie keine Männerbücher. Übersetzungen dieser Schrift sind bislang in Schweden, Norwegen und Italien erschienen. In Italien hat das Buch Anfang 1993 für beträchtliche Aufregung gesorgt, deren Wellen sogar die Titelseite der deutschen »Bildzeitung« erreicht haben. Die zweifellos korrekte Aussage von Richard Rohr, Jesus sei ein Mann gewesen, wurde zu der Falschmeldung verdreht, ein amerikanischer Franziskaner namens Rohr hätte im Auftrag des Vatikans die antifeministische Behauptung aufgestellt, Gott sei ein Mann. Jede Leserin und jeder Leser Richard Rohrs kann diesen Unsinn als Ente entlarven.

Inzwischen hat sich die Situation auf dem deutschsprachigen Buchmarkt verändert: Die beiden »Klassiker« der amerikanischen Männerbewegung, *Robert Blys* »Eisenhans« und *Sam Keens* »Feuer im Bauch« sind auf den Bestsellerlisten gelandet; deutsche Männerbücher wie *Wilfried Wiecks* »Männer lassen lieben« oder *Walter Hollsteins* »Nicht Herrscher, aber mächtig« finden ebenfalls zahlreiche Leserinnen und Leser. Mehrere Taschenbuchverlage haben Lesebücher mit Männertexten herausgegeben[1].

---

1 *Robert Bly:* Eisenhans. Ein Buch über Männer, München: Kindler Verlag, 1991. *Sam Keen:* Feuer im Bauch. Über das Mannsein, Hamburg: Kabel Verlag, 1992. *Wilfried Wieck:* Männer lassen lieben, Stuttgart: Kreuz Verlag, 1987. *Walter Hollstein:* Nicht Herrscher, aber mächtig. Die Zukunft der Männer, Hamburg: Hoffmann & Campe, 1988. *Lutz-W. Wolff, Ulrike Buergel-Goodwin (Hg.):* MannsBilder (2 Bände; dtv, 1993). *Michael Görden (Hg.):* Das Buch vom Wilden Mann, München: Heyne Verlag 1992.

Trotzdem wäre es übertrieben, im deutschsprachigen oder europäischen Raum von einer nennenswerten »Männerbewegung« wie in den USA zu sprechen. Während sie dort mit ihren »Wild Men Camps«, Tagungen und Gruppen wahrscheinlich den Zenit ihres Wirkens bereits überschritten hat, sind vergleichbare Ansätze bei uns eher das Hobby einer belächelten Minderheit geblieben. Der »Spiegel« hat zudem 1992 in einer Titelgeschichte der Männerbewegung insgesamt unterstellt, antifeministisch und frauenfeindlich zu sein und so dazu beigetragen, die kritische Auseinandersetzung der Männer mit sich selbst ins Zwielicht zu bringen.

Warum trotz allem noch ein Männerbuch? Richard Rohrs Beitrag zur Männerthematik besteht darin, daß er Erkenntnisse der Männerbewegung *spirituell* reflektiert. Er sagt wenig wirklich neues, aber er beleuchtet vieles, was andere auch sagen, auf neue und einzigartige Weise.

Richard Rohr entschuldigt sich nicht dafür, das Männerthema aus einer dezidiert *christlichen* Perspektive zu beleuchten. Er benutzt dabei eine Sprache, die hoffentlich auch diejenigen nicht beleidigt, die die Verbindung zu Christentum und Kirche verloren haben oder nie hatten. Vor allem aber spricht er Christen an. Denn die christlichen Kirchen haben einen ungeheuren Nachholbedarf an reflektierter männlicher Spiritualität. Ohne Feminismus und feministische Theologie wäre dieser Bedarf wahrscheinlich nie offenkundig geworden. Denn die herrschende Theologie und Spiritualität wurde bis vor wenigen Jahren fast ausschließlich von Männern gemacht und kontrolliert.

Männliche Spiritualität, wie Richard Rohr sie versteht, ist etwas völlig anderes als die systemstabilisierende »Theologie« der herrschenden Kaste einer von Männern geleiteten, aber von Frauen getragenen Institution. Rohrs Ansatz erfordert von Männern eine Umkehr, die womöglich noch tiefgreifender und konsequenzenreicher ist als der Aufbruch der Frauen. Die Einladung, sich von der vermeintlich stärkeren Position zu verabschieden, kann bedrohlich wirken und Angst machen. Manche evangelische – und erst recht amtskatholische – Reaktionen auf die ersten lutherischen Bischöfinnen offenbaren tiefsitzende Männerängste, die sich hinter bemühten theologischen Konstruktionen verschanzen.

Ein Aufbruch der Männer – auch in der Kirche – ist überhaupt nur möglich, wenn es Ansätze zu einer neuen Vision von christlicher Männlichkeit gibt, die genug Lust wecken, das Risiko der Reise in Neuland einzugehen. Richard Rohr gehört unseres Erachtens zu denen, die Lust machen und das Neuland erstrebenswert erscheinen lassen.

Das vorliegende Buch geht auf zwei Vorlagen zurück: 1984 hielt Richard Rohr eine Serie von Vorträgen, die in den USA unter dem Titel »A Man's Approach to God« als Audio-Cassetten veröffentlicht wurden. Diese Vorträge waren die Vorlage des Buches »Der wilde Mann«. *Joseph Martos* hat diese Cassetten sowie die Cassetten-Reihe »The Spirit in a Man« von 1988 überarbeitet und beide gemeinsam unter dem Titel »The Wild Man's Journey« in den USA als Buch herausgegeben. Da die Reden von 1984 in deutsch bereits vorliegen, wurden für die vorliegende Veröffentlichung nur die Reden von 1988 übernommen (Übersetzung: Arno Kohlhoff).

Ferner haben wir in dieses Buch Reden aufgenommen, die Richard Rohr im Sommer 1993 auf dem 25. Evangelischen Kirchentag in München (»Die Reise des wilden Mannes«) und auf der großen Männertagung »Väter finden – Brüder werden« (14.–18. Juni 1993, Evangelische Akademie Bad Segeberg) gehalten hat (Übersetzung: Andreas Ebert). Der große Zulauf dieser Tagung mit mehr als 180 Teilnehmern und das äußerst positive Echo bei den Beteiligten sind ein Hinweis darauf, daß es auch bei uns unter Männern eine Sehnsucht nach Aufbruch und Veränderung gibt. Auch das rechtfertigt diese neue Veröffentlichung.

Einige Bemerkungen zur Sprache: Mitunter haben wir in diesem Buch die Adjektive »männlich« und »weiblich« in Anführungsstriche gesetzt, da diese Begriffe Metaphern sind und nicht fixierend gemeint sind. Leider lassen sich diese Anführungsstriche wegen der Lesbarkeit nicht immer durchhalten. Man kann natürlich darüber streiten, ob es sinnvoll ist, über »weibliche« Anteile des Mannes oder »männliche« Anteile der Frau zu sprechen. Bis eine bessere Terminologie gefunden ist, bitten wir die Leser und Leserinnen dieses Buches um Verständnis für diese etwas holprige und manchmal mißverständliche Lösung.

Wie bei allen Büchern von Richard Rohr muß außerdem darauf hingewiesen werden, daß es sich um Nachschriften frei formulierter Vorträge handelt. Da diese Reden zu verschiedenen Zeiten und an verschiedenen Orten gehalten wurden, kommt es ab und an zu Wiederholungen. Weitere Eingriffe in den Text hätten jedoch der Frische des Vortragsstils geschadet und zu Brüchen im Gedankengang geführt.

Zitate wurden in der Regel aus dem Englischen übersetzt. Sofern auffindbar, wurde bei Literaturverweisen der entsprechende deutsche Titel angegeben.

Andreas Ebert und Wolfram Nugel

DIE AUFGABE DER INTEGRATION

Wachstum ist immer schwierig und schmerzhaft. Meine Einsichten in Wachstumsprozesse und meine Antworten auf die Fragen, die mir gestellt werden, beruhen zwangsläufig auf meinen eigenen Erfahrungen, auf Lektüre und auf Gesprächen mit anderen. Vielleicht finden Sie einige in den Fußnoten zitierte Bücher hilfreicher als das, was ich zu sagen habe – darum habe ich sie in diesem Buch erwähnt. Die Erfahrungen und Einsichten *anderer* Autoren mögen dem näher kommen, was Sie gerade zum nächsten Schritt Ihrer spirituellen Entwicklung brauchen.

Meine *eigenen* Einsichten in das, was Männer brauchen, um spirituell zu wachsen, ergeben sich größtenteils aus den Erfahrungen, die ich in zwei sehr unterschiedlichen pastoralen Diensten gemacht habe. Über dreizehn Jahre lang war ich Priester und Leiter der Familienkommunität *New Jerusalem* in Cincinnati/Ohio. Sie läßt sich am besten als »intentionale Gemeinschaft« beschreiben. New Jerusalem wurde von mir und anderen in der Absicht gegründet, eine christliche Gemeinschaft aufzubauen, die sich bewußt von den herkömmlichen katholischen Leitbildern der Pfarrei und des religiösen Ordens unterscheidet.

Inzwischen leite ich seit einigen Jahren mit anderen zusammen das *Zentrum für Aktion und Kontemplation* in Albuquerque/New Mexico. Statt eine eigene Gemeinschaft aufzubauen, unterstützen wir diejenigen, die sich für soziale Gerechtigkeit und gewaltfreie Veränderung der Gesellschaft einsetzen. Zwar ist inzwischen auch unter uns ein feinmaschiges Netzwerk von Beziehungen entstanden, aber diese Gemeinschaft hat sich als »Nebenprodukt« unseres *handlungsorientierten* und zugleich *kontemplativen* Wirkens eingestellt. Beide Pole erfordern und fördern spirituelles Wachstum, aber auf unterschiedliche Weise.

Durch meine Erfahrung in *New Jerusalem* habe ich viel über das Bedürfnis von Männern gelernt, ihre »weibliche«[1] Seite zu entwickeln und über Wege, diese Seite auch nach außen zu leben. Als die Gemeinschaft gegründet wurde, war ich 28, und die meisten Männer dieser Anfangsjahre waren zwischen 20 und 30. Die spirituelle Aufgabe, der wir uns als Gruppe gegenüber sahen, bestand darin, uns von dem gewohnten Leitbild von Männlichkeit wegzuentwickeln und die »weiblichen« Anteile unserer Persönlichkeit zu entdecken. Die Gegenwart von Frauen und später auch von Kindern in der Gemeinschaft ermutigte uns, die »weiblichen« Gaben des Zuhörens, der Einfühlung, des Dialogs und des Vertrauens zu entwickeln, die für eine Familie wie für größere soziale Gemeinschaften notwendig sind. Viele Mitglieder der Gemeinschaft, Männer wie Frauen, haben damals ihre sozialen Fähigkeiten in einem außergewöhnlichen Maße entfaltet, und die Einsicht der Gemeinschaft im Blick auf Beziehungen und die Dynamik des Zusammenlebens wuchs. Besucher staunten über unsere Bereitschaft, Veränderungen in uns selbst und im zwischenmenschlichen Miteinander zuzulassen und in Entscheidungsprozesse einfließen zu lassen. Diese Sensibilität und dieses Erfahrungswissen gehören bis heute zu den großen Stärken von New Jerusalem.

In den späten 70er Jahren jedoch begann ein Wandel, der die »weibliche« Betonung auf Beziehung und Gemeinschaft in Frage stellte. Ich hielt damals erstmals Einkehrtage für Priester in der Dritten Welt. Dabei wurde ich durch das, was ich fern von Amerika sah und hörte, wohl mehr ver-

---

[1] Zum Verständnis der Begriffe »männlich« und »weiblich« bei Richard Rohr vgl. in diesem Buch das 13. Kapitel: Geschaffen als Mann und Frau (Anm. d. Hrsg.).

ändert, als die Geistlichen dort von meinen Worten beeinflußt wurden. Als ich nach New Jerusalem zurückkehrte, um die anderen an dem teilhaben zu lassen, was ich an politischer und ökonomischer Unterdrückung erlebt hatte, schienen viele Mitglieder der Gemeinschaft überhaupt nicht bereit oder fähig zu sein, in irgendeiner produktiven Weise damit umzugehen.

Rückblickend würde ich das damalige Geschehen als eine Krise im Verhältnis zwischen dem »Subjektiven« und dem »Objektiven« bezeichnen. In der Gemeinschaft waren wir Meister des *Subjektiven* und der Beziehung, des Zwischenmenschlichen und Familiären geworden. Doch als Gruppe waren wir unfähig und kaum gewillt, uns mit *objektiven* Gegebenheiten außerhalb von uns selbst auseinanderzusetzen. Wir konnten endlos über unsere Gefühle sprechen, waren aber nicht imstande, mit Realitäten umzugehen, bei denen unsere Gefühle völlig unerheblich waren. Diese Tatbestände schrien nach *Taten* und nicht nach *Gefühlen*.

Als ich New Jerusalem zum aktiven Engagement für die Transformation der Gesellschaft herausforderte, widersetzten sich viele. Sie warfen mir vor, ich würde versuchen, die Berufung und Zielsetzung der Gemeinschaft zu verändern. Interessanterweise waren die lautesten Stimmen meist männlich. Diese Männer hatten in New Jerusalem einen dynamischen und lebendigen Raum gefunden, in dem sie – zum ersten Mal in ihrem Leben – ihre vernachlässigte »Weiblichkeit« entwickeln konnten. Die Gefahr, diesen privilegierten Erfahrungsraum womöglich zu verlieren, machte ihnen Angst. Manche verließen sogar die Gemeinschaft, als sie mich von der Ausbeutung der Dritten Welt durch die USA und von der Notwendigkeit predigen hörten, sich für soziale Gerechtigkeit einzusetzen. Das waren wiederum meist Männer; denn sie sahen viel mehr als die Frauen ihre Arbeit, ihren Lebensstil und ihre politischen Überzeugungen in Frage gestellt.

Es schien so, als seien die Frauen ein gutes Stück bereiter, auf das zu hören, was ich sagte – und entsprechend zu handeln. Das lag wohl teilweise daran, daß die Frauen den Bedürfnissen *anderer* gegenüber sensibler waren und teilweise daran, daß sie weniger durch berufliche Karriere, Konkurrenzkampf und Konsum gebunden waren. Die Fähigkeit der Frauen, eine neue Richtung einzuschlagen, beruhte jedoch in erster Linie auf ihrer Bereitschaft, ihren »männlichen« Anteil zu entwickeln. Und diese Bereitschaft war größer als umgekehrt die Bereitschaft der Männer, ihre soeben entdeckte »Weiblichkeit« wieder aufzugeben.

New Jerusalem überstand letztendlich diese Krise und entwickelte zusätzlich zu seiner gemeinschaftsstiftenden Ausrichtung eine politische Orientierung. Zu meiner Zeit gab es wohl Meinungsverschiedenheiten – aber keinen völligen Bruch zwischen denen, die Beziehungs- und Familienarbeit den Vorzug gaben und solchen, die sich lieber für Frieden und Gerechtigkeit engagierten. Dies war vielleicht deshalb so, weil ich als Gründer der Gemeinschaft »Vaterfigur« sein konnte, der man folgte oder die man bekämpfte, aber auf die man in beidem bezogen blieb.

Seitdem ich 1986 New Jerusalem verlassen habe, um eine neue Aufgabe zu übernehmen, höre ich, daß sich die Mitglieder der Gemeinschaft häufig einem von zwei Lagern zurechnen. Diejenigen, die weiterhin das Bedürfnis spüren, »Weibliches« zu entwickeln, arbeiten dauerhaft in dem Bereich des »Subjektiven«, während die, die den Drang zur Entwicklung des »Männlichen« empfinden, sich zusehends im Bereich des »Objektiven« engagieren. Die beiden Gruppen respektieren sich, aber sie sind weniger miteinander verflochten, als sie es sich wünschen. Ich halte das für eine gewisse Verarmung im Gemeinschaftsleben. Vielleicht gehört es aber auch zu den unvermeidlichen Schmerzen des Wachstums, daß wir nicht alle in gleichem Maße und gleichzeitig in dieselbe Richtung wachsen.

Waren wir in New Jerusalem bemüht, Männliches mit Weiblichem in Einklang zu bringen, so versuchen wir im *Zentrum für Aktion und Kontemplation* die Integration des Weiblichen mit dem Männlichen. Wir peilen dasselbe Ziel an, doch wir nähern uns aus der entgegengesetzten Richtung. Der Name deutet bereits an, daß das Zentrum auf *Aktion* ausgerichtet ist (dem »männlichen« Aspekt der Spiritualität), und doch ist es auch ein Ort der *Kontemplation* (dem »weiblichen« Aspekt der Spiritualität).

Abgesehen vom relativ kleinen Mitarbeiterstab des Zentrums, schwebt uns nicht so sehr der Aufbau einer Gemeinschaft vor als vielmehr der »Aufbau« von Menschen, die sich engagieren oder engagieren wollen. PraktikantInnen, die zu uns kommen, bereiten sich in der Regel auf Friedensarbeit vor oder sind bereits entsprechend aktiv. Von spiritueller Begleitung bis zu professioneller Massage (falls nötig) bieten wir ihnen alles an, was sie brauchen. Wir trainieren mit ihnen Gemeindearbeit unter Armutsverhältnissen und versorgen sie mit einem Netzwerk von Kontakten, das sie bei ihrer jeweiligen Aufgabe unterstützen kann. Das Wichtigste ist vielleicht, einen Raum zu schaffen, in dem sie sich mit anderen über das eigene Handeln austauschen können, und in dem sie von Gleichgesinnten ermutigt werden und lernen, effektiver zu arbeiten.

Wie gesagt ist das Zentrum schwerpunktmäßig auf *Aktion* ausgerichtet. Das ist beabsichtigt. Einer der Bestseller der 80er Jahre in den USA war das Buch »In Search of Excellence«[2], in dem die Autoren die erfolgreichsten Unternehmen Amerikas untersucht haben. Die dynamischsten Firmen waren, wie sie herausfanden, einseitig auf Handeln und Aktion ausgerichtet. Anstelle endlosen Planens und

---

2 Deutsch: *Thomas J. Peters, Robert H. Waterman:* Auf der Suche nach Spitzenleistungen. Was man von den bestgeführten US-Unternehmen lernen kann, Landsberg a. L.: 6. Aufl. 1984.

Herumüberlegens, anstatt Ideen von einem zum anderen Gremium weiterzuleiten und Papierberge zu produzieren, hatten die erfolgreichsten Unternehmen das Ziel, neue Ideen aufzugreifen und rasch in die Tat umzusetzen. So konnten sie an der Wirklichkeit überprüfen, ob diese Ideen produktiv waren oder ob sie verworfen oder modifiziert werden mußten. Im Gegensatz dazu mußten Firmen, die zunächst theoretisch und abstrakt an ungeprüften Ideen arbeiteten, ebenso häufig ihren Ansatz im Nachhinein ändern – allerdings hatten sie mittlerweile den Handlungsvorsprung eingebüßt.

Kaum zu glauben, daß dieser Gegensatz zwischen einseitiger Reflexion und einseitigem Handeln in der traditionellen katholischen Spiritualität eine Entsprechung hat! Der Ansatz von *Ignatius von Loyola,* also die jesuitische Spiritualität, verkörpert schwerpunktmäßig die Reflexion, während *Franz von Assisi* und damit die Franziskaner stärker für eine Handlungsorientierung stehen.

Der Weg der *Jesuiten,* um zu einer Entscheidung zu gelangen, ist vom Gebet bestimmt, theoretisch und reflektierend. Man gönnt sich eine Auszeit und überdenkt die Entscheidung samt allen Alternativen, indem man sie mit einem Seelenführer durchspricht. Diese Person hilft einem dann, die möglichen Folgen der verschiedenen Wahlmöglichkeiten zu reflektieren, dazu die möglicherweise hilfreichen Lehren der Heiligen Schrift bzw. Dogmen der Kirche heranzuziehen sowie die eigenen bewußten oder unbewußten Beweggründe zu verstehen. Handelt es sich um eine *wichtige* Entscheidung, so sind 30tägige Exerzitien angesagt, um zu beten, nachzudenken und alles auf die Reihe zu bekommen. Diese Strategie ist vernünftig – nur kann sich nicht jeder den Luxus erlauben, sich für so etwas so viel Zeit zu nehmen.

Die *franziskanische* Methode der Entscheidungsfindung ist das genaue Gegenteil. Gewöhnlich eruierte der Heilige

Franziskus den Willen Gottes, indem er die Heilige Schrift wörtlich nahm und dann zur Tat schritt. Heute würde man diese Angewohnheit des Franziskus einen *radikalen* oder gar *naiven Gehorsam gegenüber der Heiligen Schrift* nennen, aber abgesehen davon war es eine Orientierung am *Tun*. Manchmal fand er ein paar Verse in den Evangelien und handelte ganz einfach danach, weil er glaubte, daß seine Entscheidung ohnehin nicht zum Ziel führen würde, wenn er Gottes Willen mißverstanden hätte. Anstatt alles zunächst im Kopf zu durchdenken, ließ er das *Tun* seinen Lehrmeister sein. Für Franziskus kommt die Reflexion *nach* dem Tun und nicht *vor*her. Wenn ihm die innere Gewißheit fehlte, welcher Weg zu wählen sei, blieb er buchstäblich auf der Kreuzung stehen, wirbelte im Kreis herum und schlug diejenige Richtung ein, in der er eben gelandet war. Für Franziskus bestand Gottes Wille einfach in der Bereitschaft, Gottes Willen zu *tun*.

In einer so großen und vielfältigen Kirche wie der unseren ist gewiß Platz für beide Lebensstile, und wahrscheinlich haben beide zu je unterschiedlichen Zeiten ihre Vorzüge. Es wäre zudem eine gute Übung, wenn wir hin und wieder den uns *fremden* Weg gehen würden. Beide sind Wege, Gottes Willen zu verstehen und zu tun; und beide sind Wege,»weibliche« Empfänglichkeit mit »männlichem« Tatendrang zu verbinden. In unserer Wohlstandsgesellschaft, in der wir die Muße haben, Dinge zu durchdenken, bevorzugen wir natürlicherweise den jesuitischen Stil der Entscheidungsfindung. In der Dritten Welt jedoch weisen Befreiungstheologen darauf hin, daß der Oberste Gerichtshof der USA im Blick auf die Rassentrennung gesagt hat: *Aufgeschobene Gerechtigkeit ist aufgehobene Gerechtigkeit.* Denn auf eine Entscheidung zu warten heißt, daß mehr Kinder an Unterernährung und mehr Menschen an Infektionskrankheiten sterben, daß mehr Leute durch Todesschwadrone ermordet, mehr Kirchenmitarbeiter entführt, mehr Bauern von ihrem Land vertrieben, mehr Familien zerstört und mehr Menschen zu einem Leben in Armut und Elend verdammt werden. Hier *nicht* zu handeln bedeutet als Christ zu versagen. Deshalb ist die *Praxis* von so großer Bedeutsamkeit für die Theologie der Befreiung: die konkrete Anwendung des Evangeliums auf gesellschaftliche Probleme.

Das Evangelium Jesu ist keine Theorie zum Reflektieren sondern ein Aktionsplan. Jesus sagt uns weniger, was wir *denken*, sondern vielmehr, was wir *tun* sollen: Wir sollen Gott über alles lieben und ebenso auch unseren Nächsten. Wir sollen uns für Gerechtigkeit einsetzen und dafür Verfolgung in Kauf nehmen. Wir sollen mit den Armen teilen, Gefangene besuchen, Leidende trösten, Nackte kleiden und Obdachlosen ein Zuhause geben. Jesus macht sogar ein Gebot daraus: *»Das ist mein Gebot: Liebt einander, so wie ich euch geliebt habe«* (Joh. 15, 12). Jesus liebte, indem er sein Leben für andere hingab.

Die meisten Lehren Jesu sind ziemlich eindeutig. Es geht kaum um das »Ob« oder »Ob nicht«, höchstens um das »Wie« oder »Wann«. Wir sind erst dann in der Lage, Jesus ernst zu nehmen, wenn wir erkannt haben, daß die Probleme der Ungerechtigkeit nicht durch Wohltätigkeit oder durch Vergeistigung gelöst werden können. Jesus nachfolgen heißt, in seine Fußstapfen zu treten. Wir haben nur die Wahl, ihm nachzufolgen oder nicht, Jünger zu sein oder nicht, Christ zu sein oder nicht, auch wenn keiner von uns fehlerfrei sein wird.

Da wir in dieser Welt der Dinge leben, mit einem echten Körper und in einer Überflußgesellschaft, die nur Äußeres belohnt, ist es umso notwendiger – wenn auch schwieriger – für uns, unsere spirituelle Mitte zu kennen.

Wie findet man etwas, was angeblich schon da ist? Warum ist es nicht offensichtlich? Wie erweckt man die Mitte? Dadurch, daß man darüber nachdenkt? Durch Gebet und Meditation? Durch mehr Stille und Alleinsein? Womöglich

– aber vor allem durch *Leben* – durch bewußtes Leben. Grenzerfahrungen wie Leid und Freude bringen uns zurück zur Mitte. Der Obdachlose empfindet Kälte und Ablehnung und muß sich in sein Inneres zurückziehen, um Wärme zu finden. Der Held kämpft mit seinem Egoismus und erkennt seine Bedeutungslosigkeit. Der Alkoholiker begreift, wie sehr er seiner Familie weh getan hat und gelangt zum Mitgefühl, indem er von sich selbst absieht.

In jedem Fall leiden und lernen wir durch unsere Grenzen. Sie heben sich zum Teil selbst auf und werden schließlich als unnötig und sogar als Teil des Problems erkannt. Der Teil von uns, der den Schmerz fühlt, läßt ihn auch wieder los – und dann tritt unsere Mitte hervor: nackt und bedürfnislos! Nicht wir finden unsere Mitte, sie findet uns! Der Körper ist *in* der Seele. Er ist sowohl Ort der Begegnung als auch Ort der Hingabe. Wir *denken* uns nicht in eine neue Lebensweise hinein, sondern wir *leben* uns in eine neue Denkweise hinein. Die Reisen an unsere Grenzen führen uns zum Leben aus der Mitte.

Durch etwas, was sicherlich Segen und Fluch zugleich ist, werden alle Grenzerfahrungen von der Mitte her in Frage gestellt. Ausgerechnet der rücksichtslose Ehrgeiz des Geschäftsmannes kann ihn in das Scheitern und in jene Leere treiben, die den Punkt seiner Umkehr markieren. Ist der Ehrgeiz deswegen gut oder böse? Müssen wir wirklich sündigen, um zum Heil zu gelangen? Man mag mich einen »Sündenmystiker« nennen, aber genau das beobachte ich überall in meiner seelsorgerlichen Arbeit.

Das heißt nicht, daß wir absichtlich sündigen *sollen*. Denn das Muster erkennen wir erst *nach* dem Geschehen. *Juliana von Norwich* sagte es treffend: »Gewöhnlich kommt zuerst die Sünde und danach die Sündenerkenntnis – und beides ist eine Gnade Gottes.« Wie konnten wir das bloß vergessen!? Dieses Wissen ist in der *Vigil der Osternacht* aufbewahrt: Es ist die Stelle, an der der Diakon der Gemeinde von der »felix culpa« singt, jener *glücklichen Schuld,* die dem Kommen Christi vorausgeht und uns einen solchen Erlöser erwirkt hat.

Sollte Christus das vollkommene Urbild des Mannes sein – woran ich persönlich glaube – dann gleicht unser Weg dem seinen: Er geht von oben nach unten, von der Fülle zur Leere, vom bloßen Wort zum leibhaftigen Fleisch. Man nennt diesen Weg »Inkarnation«. Das ist ein anderer Name für *Heil.* Daraus erwachsen der Grundimpuls und die Hoffnung dieses Buches.

DER MANN ALS MACHER

Bis ins letzte Jahrhundert hinein haben Männer die meiste Zeit damit verbracht, Dinge zu machen und herzustellen. Die meisten Männer waren Bauern, die auf sehr handfeste und bodenständige Weise pflanzten, kultivierten und die Früchte ihrer Arbeit ernteten. Viele Männer waren zudem Handwerker und Bauleute. Die Dinge, die sie herstellten und schufen, hatten Gestalt und Bedeutung; und das machte ihr Leben lebenswert, gab ihm Schönheit und bereicherte die Gemeinschaft, in der sie lebten. Männer arbeiteten mit Herz, Kopf und Hand für die Herstellung konkreter menschlicher Kulturgüter, und sie konnten das Gute, das sie für sich und andere taten, an ihren Erzeugnissen ablesen.

In unserer hochtechnisierten Gesellschaft sind immer weniger Männer im traditionell männlichen herstellenden Gewerbe beschäftigt, dafür um so mehr im *Geschäft des Geldverdienens*. Dem Geld zuliebe wechseln sie mehrmals ihre Stelle und sogar ihren Beruf. Sie investieren wenig oder gar nichts mehr in Güter, die sie herstellen oder in Dienstleistungen, die sie anbieten. Geldverdienen ist nicht mehr die Grundlage des Lebens, es ist *Selbstzweck*.

Das bringt einen dramatischen Einstellungswandel bei Männern mit sich. Kürzlich ergab eine Befragung von Schülern der achten Klasse des Gymnasiums, daß für neunzig Prozent von ihnen »viel Geld verdienen« das wichtigste Lebensziel ist. Nicht etwa sich verlieben und eine Familie gründen, nicht etwa etwas Neues erfinden oder entdecken, nicht Naturgeheimnisse erforschen, nicht die Welt in einen besseren Ort verwandeln, sondern schlicht Geld verdienen – und zwar ordentlich viel! Die Sparkasse wirbt mit dem Motto: »Ihr Lebensziel – jung und reich!«

In Illustrierten und Zeitungen stoße ich gelegentlich auf Berichte über Männer, die Tausende oder Zehntausende von Dollar durch bloßes Telefonieren verdienen. Es handelt sich um Börsianer oder Rohstoff- bzw. Immobilienhändler. In Sekundenschnelle vollbringen sie das, was jeder Schuljunge vollbringen möchte: nämlich eine Menge Geld verdienen. Das ist einerseits sehr aufschlußreich, weil es viel über die Funktionsweise des *weißen männlichen Systems* verrät. Andererseits ist es beängstigend, weil es noch mehr über unsere *gesellschaftlichen Werte* verrät.

Besonders erschreckend wirkt sich dies im Bereich der Spiritualität aus; denn eigentlich macht der Mann, der Geld »macht«, *überhaupt nichts*. Geld ist eine zur Erleichterung des Austauschs von Gütern und Dienstleistungen geschaffene Fiktion. Es ist *etwas*, das in Wirklichkeit *nichts* ist. Aus spiritueller Sicht eine Illusion. Geld ist ein Spiel mit Zahlen, das zur Stärkung eines falschen Selbstbildes und zur Aufrechterhaltung eines falschen Machtverständnisses dient.

Wie wir bereits sahen, ist männliche Energie von Natur aus nach außen gerichtet: Dinge machen und herstellen, Leben schaffen, bewahren und vollenden. Im sexuellen Sinne kann sie als *phallische* Energie bezeichnet werden, denn einer der grundlegendsten männlichen Triebe ist auf Geschlechtsverkehr und Zeugung von Kindern gerichtet. Der Vater der Psychoanalyse *Sigmund Freud* glaubte, daß jede Zivilisation das Produkt sublimierter phallischer Energie ist, die auf nicht-sexuelle Objekte gelenkt wird. Ob wir Freud zustimmen oder nicht, wir erkennen, daß sowohl männlich-sexuelle als auch männlich-produktive Energie nach außen gerichtet ist.

In der heutigen westlichen Gesellschaft sind die Energien der Männer jedoch kaum auf das Zeugen von Leben und die Herstellung konkreter Dinge gerichtet. Ein anderer berühmter Psychologe (und Schüler Freuds), *Carl Gustav Jung*,

Börsianer: Geld als illusionäre Stimulanz

beschrieb die äußere Welt als eine weiße Leinwand, auf die wir unser Seelenleben projizieren. Wenn das zutrifft, dann wird heutzutage die Seele des westlichen Mannes fast vollständig auf eine Fiktion projiziert – nämlich auf Geld, ein Prestige- und Machtsymbol ohne eigenen Sinn.

Geld ist deswegen ein *Symbol ohne eigenen Sinn,* weil es, abgesehen von dem Papier bzw. Metall aus dem es besteht, für alles x-beliebige stehen kann. Da Geld keine eigene Bedeutung besitzt, kann es für jede uns genehme Projektion herhalten. Außerdem sind das Papier und das Metall an sich praktisch wertlos. Deshalb ist es so gefährlich, sein Leben auf Geldverdienen auszurichten. Es ist eine lebenslange Hingabe und Ausrichtung auf etwas, das in sich wert- und bedeutungslos ist, auf das wir aber nichtdestotrotz alle möglichen Werte und Bedeutungen projizieren.

Bis zum Ende des Mittelalters waren Münzen kein gängiges Zahlungsmittel; die meisten Menschen tauschten einfach Güter und Dienstleistungen aus. Erst im Spätmittelalter, nach Erfindung des Buchdrucks, tauchte erstmals Papiergeld auf. Es gibt eine interessante Begebenheit von Franziskanerbrüdern, die dem *Heiligen Franziskus* stolz dem Orden gespendetes Geld zeigten. Franziskus berührte das Geld, nahm es in den Mund, dann lief er hinaus zur Latrine und ließ es dort hineinfallen. Franziskus erkannte die Wertlosigkeit des Geldes und wollte nicht den falschen Eindruck aufkommen lassen, daß die Brüder durch ihr Geldsammeln irgendetwas getan hätten, auf das sie stolz sein könnten. Selbst heute noch ist es buddhistischen Mönchen untersagt, irgendwelche Geldgeschenke anzunehmen. Sie akzeptieren nur Naturalien als Spende: Nahrungsmittel, Stoffe, Töpferwaren, Holz usw. Es ist merkwürdig, daß manche Buddhisten genau das praktizieren, was Franziskus lehrte, während wir Franziskaner es nicht mehr tun!

Verstehen Sie mich bitte nicht falsch! Ich plädiere nicht dafür, daß alle Franziskaner bzw. alle Christen sofort ihr ganzes Geld weggeben und nichts mehr damit zu tun haben sollen. Ich weise lediglich darauf hin, daß große spirituelle Meister früherer Zeiten – einschließlich Jesus, Buddha und Franziskus – vor einer Vergötzung des Geldes warnten. Man verliebt sich allzu leicht in Geld, wird von der Jagd nach Geld gefesselt und projiziert alle möglichen Bedeutungen und Werte ins Geld hinein. Wenn Geld nicht ausdrücklich unter Gottes Herrschaft gestellt wird, wird es nie lange neutral bleiben. Es wird Treue fordern. Wer spirituell wachsen möchte, muß in seiner Einstellung zum Geld und im Umgang damit äußerst vorsichtig sein. Es gibt keinen Grund zur Annahme, daß der Dämon des Mammon ausgetrieben worden ist, bevor er nicht klar benannt, verurteilt und durch etwas Besseres – hoffentlich Echtes – ersetzt wurde.

DER MANN ALS AGGRESSOR

Männer sind oft aggressiv. Anscheinend besitzen sie ein angeborenes Bedürfnis zu kämpfen und sich mit der Umgebung zu streiten, um sie zu erobern und sich selbst auszuprobieren.

Ist dieses Bedürfnis wirklich *angeboren* oder wird es von Männern *erlernt*? Kommt es aus ihren Genen oder wird es von der Umwelt übernommen? Dieses Thema wird von Psychologen immer noch kontrovers diskutiert. Wichtig ist mir dabei, daß es überhaupt thematisiert wird.

Selbst Untersuchungen mit Kindern scheinen die These vom aggressiven Mann zu bestätigen. Gibt man Mädchen Klumpen aus Lehm, dann werden sie zumeist gerundete, kreisförmige, einschließende, beschützende und mutterleibartige Dinge formen, während Jungen meistens gerade, hohe, eindringende, hervorstechende und phallusartige Dinge herstellen. Wer zeigt ihnen das?

Als Junge haben wir bestimmt alle schon einmal eine Dose den Bürgersteig entlang oder einen Stein auf die Straße gekickt. Wir haben Steine aufgehoben, um sie entweder gegen ein bestimmtes Ziel zu werfen, oder nur um zu sehen, wie weit man sie schmeißen kann. Wir sind nur so zum Spaß in Pfützen gesprungen und haben mit gekauften oder aus Stöcken gebastelten Schwertern und Gewehren gespielt. Wir sind bestimmt alle schon mal auf einen Baum geklettert oder haben eine Höhle erforscht, um zu sehen wie weit man vordringen kann. Wir Männer sind so.

Manche Mädchen und Frauen sind auch so. Wir sprechen jedoch von der Mehrzahl der Männer und vom typischen Mann, wenn wir uns bemühen, die männliche Psyche zu verstehen und männliche Spiritualität zu entwickeln.

Das heißt, daß wir zunächst unsere eigene Natur, unsere grundsätzliche Ausrichtung verstehen müssen. Wir müssen erst unsere vorfindliche Lage klarkriegen, bevor wir uns spirituell weiterentwickeln können.

Warum sind wir Männer so? Einer allgemein anerkannten *entwicklungspsychologischen Theorie* zufolge liegt der Grund darin, daß Männer schon als kleine Jungen vor die Aufgabe gestellt sind, sich von der eigenen Mutter zu lösen, um eine eigene Identität zu finden. Mädchen müssen sich dieser Herausforderung erst sehr viel später stellen, nämlich während der Pubertät.

Alle Säuglinge beginnen ihr Leben im Mutterleib. Die mütterliche Zärtlichkeit und Fürsorge in den ersten Lebensmonaten und -jahren des Kleinkindes wirkt als Fortsetzung der nährenden Umgebung im Uterus. Doch irgendwann bemerken wir, daß wir uns von Mutti unterscheiden. Wir haben einen Penis und sie hat Brüste. Wir tragen Hosen, sie trägt Röcke. Sie erklärt uns, daß wir wie Papi sind und daß wir wie Papi sein werden, wenn wir groß sind. Schon in einem sehr frühen Alter beginnen wir zu verstehen, daß wir uns nach außen orientieren müssen – weg von Mutti – um das zu werden, was wir sein sollen.

Doch allzu häufig ist Papi abwesend. Mutti ist meist diejenige, die da ist, wenn wir gefüttert, gewaschen, angezogen und getröstet werden müssen. Man sagt uns, daß wir nicht wie Mutti sind, und wir ziehen uns allmählich aus unserer anfänglichen Nähe zu ihr zurück und suchen die Nähe eines anderen. Aber der ist viel zu selten verfügbar. Somit können wir nicht die Beziehungsformen und -qualitäten entwickeln, die Mädchen typischerweise sehr früh entwickeln, und die sie ihr Leben lang auszeichnen. Wir müssen uns einen Ersatz suchen, auf den wir unser Entwicklungspotential projizieren können. Wir projizieren uns nach außen – in Dinge hinein.

Den Rest unseres Lebens verbringen wir mit dieser früh

erworbenen Außenorientierung. Wir verlassen den »heimischen Mutterleib« und erobern uns die Welt: Fernsehen und Comic-Hefte, Spielsachen und Spielkameraden, Spiel und Sport, Schule und Vereine, Wirtschaft und Politik. Wir wollen etwas aus uns machen und den Sinn unseres Lebens finden. Intimität fällt uns sehr schwer, und manche von uns erleben fast gar keine. Offenbar fällt uns *Trennung* leichter als *Vereinigung*. Wir bewältigen das Leben, indem wir aggressiv die Welt herausfordern und dabei bis an unsere Grenzen gehen. Doch liegen diese Grenzen, gegen die wir stoßen, fast immer außerhalb von uns selbst.

Als Männer sind wir demnach nicht dazu geboren oder erzogen worden, unsere innere Welt, unseren psychischen Raum, unsere Seele, unser Selbst zu entdecken und zu erkunden. Natürlich verallgemeinere ich wieder, denn es gibt sicher Männer, die von Natur aus introvertiert, kontemplativ, sensibel, kreativ und künstlerisch veranlagt sind. Die meisten von uns kommen aber erst allmählich dazu, ihr Selbst und seine Entwicklungsbedürftigkeit zu entdecken.

Dasselbe gilt für Beziehungen. Beziehungen sind spirituelle Realitäten, keine Objekte der dinglichen Welt. Obwohl wir ständig in Beziehung zu Menschen stehen bzw. Beziehungen eingehen und entwickeln, ist es eine spirituelle Aufgabe, Beziehungen zu leben, die mehr sind als oberflächliche Bekanntschaften oder Arbeitskumpanei. Wir müssen Zugang zu unseren eigenen Gefühlen finden und sensibel gegenüber den nicht faßbaren Gefühlen der anderen werden. Beziehung bedarf der Selbstbeobachtung, Selbsterkenntnis und Selbstreflexion. Sie benötigt mitunter Selbstdisziplin, Entwicklung und Veränderung unseres inneren Selbst – unserer Gedanken, Gefühle und Einstellungen. Doch unsere Lebensumstände als kleiner Junge bereiten uns schlecht auf diese Anforderungen vor.

Somit besteht eine der ersten Aufgaben männlicher Spiritualität darin, sich mit dem abzufinden, was wir sind, und zu erkennen, daß wir schlecht ausgerüstet sind, um der zu werden, der wir erst noch werden müssen. Denn wir müssen lernen, den Weg in unser Inneres zu gehen, wenn wir uns selbst überhaupt finden und Gott begegnen wollen. *Wir müssen unseren Kern finden.*

In gewissem Sinne sind wir sehr oberflächliche Leute mit wenig Zugang zur existentiellen Mitte. Wir halten uns an Randbereichen unseres Lebens auf, verwechseln Nebensächliches mit Wesentlichem, halten das Oberflächliche vorschnell für das Eigentliche und das Nebensächliche für heilsnotwendig.

Das was uns umgibt, ist nicht etwa schlecht. Wenn die Randzonen des Lebens negativ wären, könnten wir uns leichter darüber entrüsten. Randbereiche und Nebensächliches sind weniger schlecht als vielmehr flüchtig und zufällig, manchmal auch illusorisch, und allzuoft beanspruchen sie unsere Aufmerksamkeit. Unsere Haut ist nicht schlecht, nur ist sie nicht das gleiche wie unsere Seele. Wir halten uns dermaßen lange an den Rändern unserer Seele auf, daß sie uns wie das Leben vorkommen. Kaum jemand sagt uns, daß das nicht alles ist.

Angenommen, es gab einmal ein Zeitalter, in dem Menschen einen einfachen und natürlichen Zugang zu ihrer Seele hatten – ich weiß nicht, ob es dieses Zeitalter oder den Garten Eden, in dem alles nackt und harmonisch war, jemals gegeben hat. Wenn ja, dann bestand es aus Menschen, deren Innerstes sehr geliebt wurde oder die äußerlich sehr litten – wahrscheinlich beides. Wir anderen müssen einen sehr beschwerlichen Weg gehen, um das Paradies wiederzuentdecken und dorthin zurückzukehren. Dieser Weg zurück ins Paradies ist das Kernthema der Geschichte, die die Bibel erzählt. Er bedeutet Erwachen und Stillwerden, Leidenschaft und Hingabe, Mitgefühl und Sorglosigkeit. Der Weg umfaßt Mitte und Rand unserer Person, und beides haben wir nicht in der Hand. Doch irgendwo müssen wir beginnen. Die meisten von uns fangen bei den Randbereichen an. Doch wir dürfen dort nicht stehenbleiben! Den tiefer führenden Weg nennt man Bekehrung, Integration oder Heiligung.

VATER-HUNGER

»Siehst Du nun, daß Väter, die ihre Söhne nicht lieben können, Söhne haben, die nicht lieben können? Es war nicht Deine Schuld und auch nicht meine. Ich brauchte Deine Liebe, aber ich bin ohne sie genesen. Jetzt brauche ich überhaupt nichts mehr.«

Richard Shelton[1]

Ein großer Teil der Menschheit verzehrt sich vor Sehnsucht nach dem Vater. Frauen empfinden diese Sehnsucht auch, aber Männer noch sehr viel mehr. Das war in all den Jahren, in denen ich als Priester in Gemeinschaften gearbeitet, Einkehrtage geleitet und Vorträge in der ganzen Welt gehalten habe, die Wunde in der menschlichen Seele, die ich am häufigsten angetroffen habe. Und eine der schmerzvollsten.

Anläßlich einer Vortragsreihe in Kalifornien kam ein junger Mann Anfang zwanzig auf mich zu und bat mich um ein Gespräch. Ich lud ihn zu mir aufs Zimmer ein, und dort erzählte er mir seine Lebensgeschichte.

Was er erzählte, verriet viel über seinen Vater, einen Ingenieur: Als der Junge einmal seinen Vater nach Gott fragte, antwortete der: »Mein Gott ist die Mathematik. Sprich nicht mit mir über Dinge, die man nicht beweisen kann. Was nicht logisch ist, glaube ich nicht.« Sein Sohn war das genaue Gegenteil, ein sehr sensibler junger Mann. Also wuchs er mit einem Fremden als Vater auf. Er und sein Vater lebten in zwei verschiedenen Welten, die sich niemals berührten. Nichts Lebensspendendes hat sich je zwischen beiden ereignet.

---

[1] *Richard Shelton*, »Letter to a Dead Father.« In: Brother Songs. A Male Anthology of Poetry. Ed. Jim Pearlman. Minneapolis, Minn.: Holy Cow Press, 1979, S. 21.

Während er mir seine Geschichte erzählte, spürte ich, daß ihm das gefiel; er genoß es geradezu. Nach etwa einer Stunde hielt er plötzlich inne und sah mich an.

»Sie hören mir ja zu!«, sagte er erstaunt. »Mein Vater hat mir nie zugehört, aber Sie hören mir zu! Das fühlt sich an, als würde ich Sie lieben!«

Wir waren uns sehr nahe gekommen in dieser Stunde, wahrscheinlich näher als dieser Junge je einem Mann gekommen war, doch ich mußte bald gehen, um einen weiteren Vortrag zu halten. Also betete ich mit ihm und hielt dann noch ein bißchen länger seine Hände in den meinen. Schließlich stand ich auf, legte ihm die Hände zum Segen auf den Kopf und sagte: »Ich muß jetzt gehen.«

»Bitte gehen Sie nicht«, sagte er verzweifelt.

»Aber ich muß doch gleich wieder reden. Warum wollen Sie nicht, daß ich gehe?«

»Es hat sich so gut angefühlt, als Sie mich berührt haben.« In Sorge, daß seine Worte mißverstanden werden könnten, fügte er noch hinzu: »Ich bin nicht schwul oder sowas, aber es hat sich so gut angefühlt, als Sie mich berührten. Mein Vater hat mich nie berührt oder mir zugehört. Darf ich wiederkommen?«

Am nächsten Tag trafen wir uns wieder, und das Gleiche passierte noch einmal. Er brauchte jemanden, dem er seine Gefühle mitteilen konnte, jemanden, der ihn kennt und seinen Schmerz versteht. Er brauchte jemanden, der ihn bestätigt und bejaht. Er brauchte einen Vater.

Immer wenn ich an diesen jungen Mann denke, merke ich, daß er für unzählige andere steht. Tausende und abertausende Männer, junge wie alte, empfinden wie er. Sie wachsen ohne die Liebe eines Mannes auf, ohne väterliches Verständnis und väterliche Bestätigung. Folglich sehnen sie sich danach und suchen es bei Lehrern und Sporttrainern, bei Priestern und Jugendgruppenleitern und bei jedem, der es ihnen anbietet. Später, beim Militär oder in der Ge-

Skinheads: Kinder der vaterlosen Gesellschaft

schäftswelt, suchen sie in gleicher Weise Bestätigung bei ihren Vorgesetzten. Sie werden zu »guten« Sportskameraden, zu »guten« Soldaten, die alles für den Präsidenten tun würden, solange es dessen Beifall findet. Sie sind die besten Stützen des weißen männlichen Systems.

Mir begegnet dieser Hunger nach dem Vater an vielen unterschiedlichen Orten. Beispielsweise bin ich derzeit Gefängnisseelsorger im Gefängnis von Albuquerque, das eine sehr eigene lateinamerikanisch geprägte Macho-Subkultur darstellt. Immer wenn die Gefangenen unter sich sind oder mit den Aufsehern zu tun haben, hängen sie den Machismo raus mit wüstem Geschimpfe und Gefluche und »hartem Mann«-Gehabe. Doch sobald einer von ihnen mit mir alleine ist, ändert sich das Bild völlig. Sie werden zu kleinen Jungens, und tun alles, um mir zu gefallen, und ich bin ihr »Padrecito«[2].

Ich erinnere mich an einen Mann, der zu mir kam. Er war gut gebaut und hatte auf dem einem Arm eine Tätowierung der »Heiligen Mutter Gottes von Guadalupe« und auf dem anderen eine nackte Frau. »Sehen Sie, Pater, ich kann sie bewegen,« sagte er und ließ seine Muskeln spielen. In seinen Augen sah ich den kleinen Jungen, der Papis Aufmerksamkeit erregen will.

Oft erfinden die Gefangenen Ausreden, nur um mit mir alleine reden zu können. Sie suchen um Beichte nach, obwohl sie im Gefängnis wenig zu beichten haben. Sie kommen mit irgendwas und hoffen, daß ich es als Sünde durchgehen lasse, nur um mir von ihrem inneren Leben und ihren persönliche Problemen erzählen zu können.

Wenn ich die Beichte eines Gefangenen angehört habe, lege ich ihm immer die Hand auf den Kopf oder die Schulter und erteile ihm den Segen. Wenn ich ihn berühre, beginnt er unweigerlich zu weinen. Er läßt seinen Kopf sin-

---

[2] Spanisch: »Väterchen« (Anm. d. Übers).

ken, damit ich die Tränen in seinen Augen nicht sehe. Aber kein Zweifel, da hockt er schluchzend wie ein kleiner Junge, der gehalten und gedrückt werden möchte. Er würde mir das natürlich niemals erlauben. Und nach der »Beichte« versucht er, Konversation mit mir zu machen, nur um mich noch ein Weilchen länger dazubehalten.

Ja, der Vater-Hunger ist eine große klaffende Wunde, die viele – die meisten – von uns in sich tragen, ohne sie zu spüren, oder zumindest benennen zu können. Es ist ein Mangel, den wir ständig zu überwinden, ein Bedürfnis, das wir fortwährend zu stillen versuchen. Wir können nicht wir selbst sein, wir können nicht »unseren Mann stehen«, weil wir der kleine Junge von jemand anderem sein müssen. Wir brauchen die Zuneigung des anderen. Die Entfremdung von dem, der so ist wie wir selbst (unser Vater), ist noch zerstörerischer als die Trennung von der, die den Gegensatz zu uns verkörpert (unsere Mutter). Wenn mich die anderen Männer nicht leiden mögen, dann bleibe ich in meiner eigenen Männlichkeit immerfort verunsichert.

Wie zerstörerisch ist die Sehnsucht nach dem Vater? Wie weit kann ein Mann gehen, damit sein Bedürfnis nach Bestätigung, die ihm der Vater verweigert hat, endlich gestillt wird? Wozu könnte er fähig sein, um seinen unterdrückten Zorn rauszulassen – wenn schon nicht direkt gegen seinen Vater, dann wenigstens gegen das, was sein Vater für ihn darstellt?

Die deutsche Psychoanalytikerin *Alice Miller* hat eine Fallstudie über einen Mann geschrieben, der als Kind mißhandelt worden war. Für die geringste Regelverletzung, ob echt oder eingebildet, wurde er von seinem Vater verprügelt. Der Vater rief seinen Sohn noch nicht einmal beim Namen. Wenn der Junge zu ihm kommen sollte, pfiff er nach ihm, als wäre er ein Hund. Haß brodelte in dem Jungen, aber er konnte seinen Zorn nicht an seinem Vater abreagieren. Er behielt ihn in sich und kultivierte ihn. Einige Zeit später hörte er, daß sein Großvater (von dem er wenig wußte) wahrscheinlich Jude gewesen war. Sein verzerrtes Denken machte ihn glauben, daß dieses jüdische Blut der Grund für das Verhalten des Vaters gewesen sei.

Der Name des Jungen war *Adolf Hitler*. Den Rest seiner destruktiven Geschichte kennen wir[3].

---

3 *Alice Miller:* Am Anfang war Erziehung. Frankfurt a. M.: Suhrkamp Verlag, 1980, 169–231.

DIE LEERE SEELE

Die meisten Männer wachsen mit einer inneren Leere auf. Egal, ob man sie nun Vater-Hunger, Abwesenheit des Männlichen oder fehlende Vaterliebe nennt – es ist immer dieselbe Leere. Wenn der Vater dem Sohn keine positive männliche Energie mitteilt, auf die er bauen und sich verlassen kann, entsteht ein *Vakuum* in der Seele des Mannes. Und in dieses Vakuum hinein strömen Dämonen.

Nochmals muß betont werden, daß auch Frauen die Liebe und Zuneigung eines Vaters brauchen, doch die geschlechtsspezifische Dynamik ist eine andere. Mädchen brauchen einen Vater, der ihre Identität als weibliches Wesen bejaht. Jungen brauchen einen Vater, um zu ihrer grundlegenden Identität als Mann zu finden und mit einer männlichen Fühlweise vertraut zu werden. Der Vater ist das erste *frei gewählte* Objekt der Zuneigung im Leben eines Menschen.

Die Mutter ist nicht frei gewählt. Sie ist einfach da, vom ersten Moment unseres Lebens an. Gleich nach der Geburt riechen wir sogar wie unsere Mutter, denn wir kommen aus ihrem Inneren, und sie riecht wie wir. Wenn wir gestillt werden, finden wir die Mutterbrust mit geschlossenen Augen, weil wir den Geruch unserer Mutter kennen und uns instinktiv dorthin bewegen. Erst nach einigen Monaten beginnen wir vage zu ahnen, daß unser Körper und der unserer Mutter nicht eins, sondern zwei sind.

Die Mutter ist uns vertraut. Wir kennen sie, wir können ihr vertrauen. Einige Monate später nehmen wir jemanden wahr, der ihr zwar ähnelt, aber doch nicht sie ist. Der andere ist ein Fremder, der erste Fremde in unserer wachsenden Welt. Der andere ist unser *Vater.* Der Vater ist die erste Begegnung mit dem Nicht-Ich. Sein annehmendes oder abweisendes Verhalten gibt uns einen ersten Hinweis darauf, ob die Außenwelt vertrauenswürdig ist oder nicht.

Um die *Zuneigung unserer Mutter* zu gewinnen, brauchen wir nichts zu tun. Sie gibt sie uns meist freiwillig, ohne daß wir darum kämpfen bräuchten. Aber wir müssen uns anstrengen, um die *Aufmerksamkeit unseres Vaters* zu bekommen und ihn dazu zu bringen, uns anzulächeln. Aus irgendeinem Grund gibt uns das Lächeln dieses Fremden mehr Energie und Bestätigung als die kontinuierliche mütterliche Zuneigung. Vielleicht spüren wir, daß er sie uns nicht geben *muß*, und wenn er es dennoch tut, ist sie umso wertvoller. Hier erfahren wir zum ersten Mal, wie es ist, *erwählt* zu sein.

Ich habe einmal eine Studie über Kinder gelesen, die zu Hause von ihren Vätern großgezogen wurden, während die Mütter arbeiten gingen. Der Bericht bezeichnete sie als »Superkids«, weil fast alle von ihnen als Kinder und Erwachsene überdurchschnittlich erfolgreich waren. Zweifellos hatte ihr Erfolg mit einer Reihe von Faktoren zu tun, nicht zuletzt damit, daß ihre Eltern kreativ und frei genug waren, die traditionellen gesellschaftlichen Elternrollen aufzubrechen. Doch ich vermute auch, daß die *Vaterliebe*, da sie eine andere Qualität besitzt als Mutterliebe, einen großen Anteil daran hatte. Positive »männliche« Energie, ob sie vom Vater oder von der Mutter stammt, besitzt die Kraft, Kindern großes *Selbstvertrauen* und viel *Zuversicht* zu geben.

Aus eigener Erfahrung kann ich sagen, daß einer meiner Gründe, Priester zu werden, der war, daß mein Vater immer an mich glaubte. Immer dann, wenn ich dazu neigte, an mir oder meinen Fähigkeiten zu zweifeln, versicherte er mir, daß ich es kann. Ich bin nie mit großen Selbstzweifeln aufgewachsen, so wie ich sie bei vielen jungen Menschen beobachte, mit denen ich gearbeitet habe.

In der katholischen Gemeinde, in der ich aufwuchs,

stand der Priester von allen, die wir kannten, Gott am nächsten. So gesehen war Priester werden ein bißchen wie Filmstar oder Olympiateilnehmer werden. Es stand einfach nicht jedem zu. Mein Vater versicherte mir, daß ich das Zeug zum Priester hätte, wenn ich Priester werden wolle – vorausgesetzt natürlich, daß auch Gott wollte, daß ich Priester werde. Doch das Zutrauen meines Vaters zu mir ließ keinen Raum für Selbstzweifel.

Wenn ein Vater seinem Kind sagt, daß es etwas Bestimmtes kann, dann kann es das auch. Den Grund dafür kenne ich nicht; ich weiß nur, daß es eine geheimnisvolle Energie gibt, die vom Mann an die Kinder weitergegeben wird. Es ist eine Art schöpferischer Energie, die Dinge aus dem Nichts entstehen lassen kann, und ohne sie könnten solche Dinge nicht entstehen. Wenn männliche Energie fehlt, wird nichts Neues geschaffen, weder in der menschlichen Seele noch in der Welt. Dann gibt es so etwas wie Fürsorge und Unterstützung, vielleicht sogar Liebe – aber nicht diese neue »Schöpfung aus dem Nichts«, jene einzigartige Fähigkeit, die der »männlichen« Seite Gottes zugerechnet wird.

Fehlt die Energie des Vaters, entsteht ein *Loch,* eine Leere in der Seele, die ausschließlich durch diese Art von Energie gefüllt werden kann. Ich habe das bei vielen Menschen, insbesondere bei Männern, gesehen. Es ist ein unerfülltes Verlangen, das unablässig nach Lob giert und nie gestillt wird. Es ist ein schwarzes Loch, das Belohnung um Belohnung aufsaugt und doch nie heller wird. Es wird zu einer Brutstätte für die Dämonen des Selbstzweifels, der Angst, des Mißtrauens, des Zynismus und der Wut. Und von hier fliegen die Dämonen aus, um andere zu verschlingen.

Jesus hat Gott nicht zufällig mit *Abba* (»Papa«), angesprochen. Obwohl Gott »Männliches« und »Weibliches« übersteigt und es ebenso wahr und notwendig ist, sich auf Gott als Mutter und als Vater zu beziehen, verstand Jesus aus seiner eigenen Seele heraus die Leere, die viele Men-

»Neue Väter« – Zärtlichkeit und Kraft

schen empfinden. Er wußte, daß es für die Mehrzahl der Menschen schwerer, aber umso nötiger sein würde, »Papa« zu sagen als »Mama«. Der Glaube an die Vaterliebe ist für die meisten von uns der größere Glaubenssprung. Viele von denen, die das wunderbare und geschlechtsspezifische Wort »Vater« abschaffen wollen, gehören, fürchte ich, zu den letzten, die das tun sollten.

Mutterliebe kennen wir. Mutterliebe haben wir. *Vaterliebe ist das, was wir brauchen.* Vaterliebe ist das, wonach wir suchen. Väterliches Zutrauen zu uns gibt uns den Mut zum Risiko, zum Loslassen und zum Wachsen. Indem wir uns auf Gott als Vater beziehen und Gottes Liebe durch einen anderen Mann erfahren, können wir es wagen, an das *ganze* Evangelium zu glauben und nicht nur an jene Teile, in denen es um Sicherheit, Trost und bergende Systeme geht. Ein Gott, der Vater *und* Mutter ist, befreit uns zu einem Evangelium, das fruchtbar, intim und im umfassenden Sinne schöpferisch ist.

DER MANN OHNE BALANCE

Der amerikanische Fernseh-Talkmaster *Phil Donahue* hatte einmal einige Mitglieder einer Männergruppe in seiner Sendung. Diese Männer bemühten sich in ihrer Gruppe um Kontakt zu ihrem tiefen Inneren und versuchten, eine Sprache dafür zu finden. In der Sendung waren sie ganz offensichtlich bester Absicht, Donahue und dem Publikum ihre Gefühle mitzuteilen – doch es gelang ihnen nicht. Sie waren einfach nicht fähig (so wie wir es von Frauen kennen), ihre Gefühle wahrzunehmen und auszudrücken. Es handelte sich offenbar um unausgeglichene Männer, deren männliche Seite über-, und deren weibliche Seite unterentwickelt war. Sie bemühten sich, das Gleichgewicht wiederherzustellen, doch in dieser einen Stunde im Fernsehen schafften sie es einfach nicht. Ihre Gefühle und ihre Worte blieben unverbunden; vielleicht hatten sie es immer Frauen überlassen, für sie zu fühlen.

Interessanterweise wurden einige Frauen aus dem Publikum zornig auf diese Männer und beschimpften sie als Schwächlinge und Dummköpfe, weil sie ihrer Meinung nach nicht wußten, was sie sagen wollten. Diese Frauen projizierten ein männliches Stereotyp auf die Männer und verurteilten sie dafür, daß sie nicht alles Wissen parat hatten. – Da bemühen sich Männer einmal, mit ihrer weiblichen Seite in Berührung zu kommen, und dann bringen die Frauen sie wegen ihres Versagens auf typisch »männliche« (bzw. falsche maskuline) Manier zum Schweigen! Wie paradox! Dieser Vorfall zeigte mir, wie Männer durch das weiße männliche System geschwächt werden – und wie Frauen unbewußt in dieselbe Kerbe hauen. Die Männer in der Sendung haßten sich selbst – und die Frauen – dafür, daß sie das zuließen. Doch sie wußten es nicht anders.

Unsere *technologische Gesellschaft* und besonders unsere Geschäftswelt ermutigt Männer nicht, den inneren Weg der Selbsterkenntnis und der spirituellen Entwicklung zu gehen. Faktisch tut sie das genaue Gegenteil. Ist man Geschäftsführer oder Selbständiger, muß man so viel Zeit aufwenden, um mitzuhalten und vorwärts zu kommen, daß keine Zeit bleibt für Beziehungen zu anderen, geschweige denn zu sich selbst oder Gott. Arbeitet man die übliche Schicht von acht bis fünf in einem Büro oder einer Fabrik, kriegt man von der Gesellschaft vielerlei Ablenkungen, Aufputschmittel und Betäubungsmittel, die den Streß und die langweilige Routine vergessen lassen. Und natürlich sagt einem niemand, daß es vielleicht etwas anderes zu tun gäbe, nämlich einen inneren Weg zu gehen – einen Weg freilich, von dem niemand »profitiert«.

Im großen und ganzen ist auch die *Kirche* keine Hilfe. Die westliche Welt hat die Kirche in ein Unternehmen verwandelt, dessen Geschäftsleitung sich im städtischen Büro des Bischofs befindet und dessen Filialen bequem erreichbar über die ganze Stadt und die Vororte verteilt sind. Als im vierten Jahrhundert den Christen die offene Ausübung ihres Glaubens gestattet wurde, haben sie es zugelassen, daß die Kirche nach dem Vorbild des Römischen Reiches strukturiert wurde, anstatt auf der Kraft des Evangeliums Jesu zu beharren, die das kaiserliche System hätte verändern können. Bischöfe und Priester wurden so zu Geschäftsführern und Managern einer riesigen neuen religiösen Organisation.

Das *Evangelium* interessiert sich für die Organisationsform der Kirche überhaupt nicht. Es geht ihm um Bekehrung und Veränderung sowohl des Individuums als auch der Gesellschaft. Um wenigstens eine vage Ahnung von der Organisationsform der frühen Kirche zu erhalten, müssen Bibelwissenschaftler gewaltige Anstrengungen unternehmen, um die wenigen Aussagen, die das Neue Testament darüber macht, zu einem geschlossenen Bild zusammenzufügen. Doch schon die Männer des ersten Jahrhunderts haben sich mit Fragen der Organisation leichter getan als mit der spirituellen Weisheit des Evangeliums, so daß letztlich die Organisation die Oberhand behalten hat. Die »organisierbaren« Teile des Evangeliums wurden in der Kirche beibehalten, während die »nicht-organisierbaren« im großen und ganzen verkümmerten. Dieser Prozeß kam im vierten Jahrhundert mit der Verstaatlichung des Christentums zum Abschluß.

Wie läßt sich eine spirituelle Reise organisieren? Gar nicht! Wie läßt sich Selbstveränderung und Bekehrung organisieren? Überhaupt nicht! Man kann Begleitung anbieten. Man kann Tips und Hinweise geben. Man kann mit Rat und Tat beistehen. Spirituelle Entwicklung läßt sich jedoch weder organisieren noch kontrollieren, und zwar gerade deshalb nicht, weil es dabei um *Geist* geht, und *Geist* läßt sich weder sehen noch verfügbar machen.

Folglich haben die Herrscher der Kirche all das geordnet, was sie sehen und handhaben konnten. Sie haben das äußere Verhalten durch kanonisches Recht und Sittenkodex geregelt. Die Laien haben sie angewiesen, gute Werke zu vollbringen, etwa die Sakramente zu empfangen und die Kirche durch Spenden zu unterstützen. Es wurde ihnen untersagt, Böses zu tun, was wiederum im Laufe der Zeit fein säuberlich in die Kategorien »Todsünde« und »läßliche Sünde« eingeteilt wurde.

Seit mindestens 17 Jahrhunderten wird die Kirche vom männlichen Trieb nach Organisation und Kontrolle bestimmt, und sie zeigt wenig Bereitschaft, echte spirituelle Entwicklung und soziale Veränderung zuzulassen. Ich bin sogar überzeugt, daß Menschen mit innerer spiritueller Autorität und Reife grundsätzlich eine Bedrohung für Institutionen darstellen. Diese Menschen machen sich nicht abhängig vom System. Es hat sicherlich Ausnahmen von dieser Regel gegeben, aber solche Ausnahmen bestätigen nur die Regel.

Welches waren die *Ausnahmen*? Ich sehe die frühe Ordensbewegung als eine solche Ausnahme an. Als sich die Kirche immer mehr organisierte und systematisierte, kehrten Einzelne und später Gruppen von Männern und Frauen dem System den Rücken, weil sie das Evangelium leben wollten. Sie zogen in die Wüste, in die Berge und überall dorthin, wo sie unbehelligt von äußerer Einmischung nach spiritueller Entwicklung streben konnten. Natürlich wurde das mönchische Leben nach und nach auch zu einer Institution, und dadurch ging vieles vom ursprünglichen mönchischen Charisma verloren. Doch es tauchte immer wieder auf, zum Beispiel in Form periodischer Klosterreformen, die zur ursprünglichen Bestimmung zurückführen sollten. Viele dieser Bemühungen sind tatsächlich erfolgreich gewesen.

Andere Ausnahmen von der Vorherrschaft des männlichen Paradigmas in der Kirche finden wir in der Verehrung der Heiligen Jungfrau Maria und in der Ergebenheit gegenüber den Heiligen. Nichts davon war anfangs geplant oder organisiert – es passierte einfach. Menschen hatten das Bedürfnis, mit dem »Weiblichen« in Gott und in sich selbst in Berührung zu kommen und wandten sich spontan jenen Gestalten zu, die das für sie darstellten. Vielleicht wollten sie die äußere männliche Herrschaft über die Kirche mittels des »Weiblichen« in Gott und in sich selbst ausgleichen. Anders als die kirchlich geplanten Liturgien und Sakramente waren die Feste zu Ehren von Maria und den Heiligen selbstgestaltete Feste, in denen die Menschen ihren Gefühlen freien Lauf lassen konnten. Nach und nach wurden auch diese Feste offiziell anerkannt, was ein gewisses Maß an organisatorischer Kontrolle mit sich brachte, aber Volksfeste zu Ehren der Heiligen Jungfrau und sogar zur Ehre Christi beinhalten immer noch Elemente der Spontanität, Herzlichkeit und Fruchtbarkeit – jener Elemente also, die diese Volksfeste erst entstehen ließen.

Manch eine Ausnahme von der fast vollständigen männ-

Liturgische Gewänder – Sakral-Transvestitismus?

lichen Vorherrschaft in der Kirche hat sogar komische Züge, beispielsweise die geistliche Kleiderordnung. Männer tragen Talare und Gewänder, und je höher sie in der Hierarchie klettern, desto prunkvoller dürfen Kleider und Schmuck sein. Diesen femininen Kleiderstil gibt es erst seit der Imperialisierung der Kirche im vierten Jahrhundert; er ist uns bis heute erhalten geblieben – so als ob sich das männliche Bedürfnis nach weiblichem Gegengewicht unbewußt Befriedigung verschafft, indem Männer sich wie Frauen kleiden.

Glücklicherweise ändert sich dieser Zustand in der Kirche allmählich. Für manch eine(n) gewiß nicht schnell und nicht durchgreifend genug, um den Laien in der Kirche schon jetzt wirklich Auftrieb zu geben. Doch die geringer werdende Zahl von Berufungen zum Priesteramt in Europa und Amerika eröffnet immer mehr Frauen den Weg in Leitungsämter, der ihnen bis jetzt verschlossen war. Diese Frauen bringen der männerdominierten Kirche wenigstens einen Teil der so lange vermißten echten Weiblichkeit zurück. Sie sitzen in Gemeinderäten und Liturgiekomissionen, predigen, machen Krankenbesuche, geben geistliche Orientierung, bilden die Jüngeren aus und unterrichten sogar in Priesterseminaren.

Die Männer, die sich gegen die Zulassung von Frauen zum geistlichen Amt stellen, glauben meist, daß Frauen Priesterinnen werden wollen, um Macht und Autorität über sie zu gewinnen. Sie erleben den Aufstieg von Frauen in der Kirche als Bedrohung für das eigene männliche Bewußtsein. Das ist es tatsächlich. Aber diese Männer verkennen, daß auch sie selbst Opfer des kirchlichen Systems sind und darum auch selber Mangel leiden. Folglich können sie die Gabe nicht wertschätzen, die gerade in dem steckt, wogegen sie sich wehren.

Vielleicht werden sie eines Tages – wie die Männer in der Phil-Donahue-Show, die wollten, aber nicht konnten – das

Bedürfnis empfinden, ihre eigene »weibliche Seite« zu integrieren. Doch bevor Menschen diesen Weg nicht individuell gegangen sind, werden sie nicht bemerken, daß Institutionen dasselbe machen müssen. Ein halbentwickelter Mann sucht eine halbentwickelte Institution, um sich im Gleichgewicht zu fühlen, auch wenn es ein künstliches Gleichgewicht ist. Tatsächlich sind beide voneinander abhängig. Zur Sicherung ihrer Existenz benötigt die halbentwickelte Institution halbentwickelte Männer und hält sie auf unreifen Entwicklungsstufen fest.[1]

Ich halte seit 16 Jahren kirchliche Einkehrtage in der ganzen Welt und halte die Beweise für überwältigend: Die ganze Welt und sogar die Kirche hat schreckliche Angst vor *Ganzheit*.

Die sexuellen Polaritäten sind die frühesten Faszinationen und die letzten Tabus. Selbst Menschen, die in Bezug auf Themen wie Rassendiskriminierung, Krieg und Armut erleuchtet sind, verschließen bis zuletzt die Augen vor der Geschlechterfrage und dem Sexismus. Wir haben es hier mit tief verwurzelten Blockaden zu tun, und unser Unterbewußtsein weiß: Daran zu rütteln hieße, an unseren Grundfesten zu rütteln. An diesem Punkt werden wir uns wahrscheinlich nicht allzu schnell entwickeln, weil hier sehr viel und sehr Wichtiges auf dem Spiel steht. Zwischen Sexualität und Spiritualität verläuft ein sehr schmaler und tückischer Pfad. Doch wir haben keine andere Wahl, und selbst die Kirche kann uns nicht von dieser *Heiligen Hochzeit* abhalten.

---

[1] Diese These entfaltet *Eugen Drewermann* in seiner scharfsinnigen Analyse des klerikalen Systems: Kleriker. Psychogramm eines Ideals, Olten: Walter Verlag, 1989.

LEIB, SEELE, GEIST –
DIE MENSCHLICHE DREIEINIGKEIT

Der Gott des Friedens mache euch heil und ganz und bewahre euren Geist, eure Seele und euren Leib unversehrt.

Paulus, 1. Thess. 4, 23

Ich glaube, daß sich die westliche Christenheit in einem spirituellen Notstand befindet. Wir suchen verzweifelt nach den Wurzeln unserer Gotteserfahrung. Wenn ich in Länder der Dritten Welt reise, höre ich die Leute dort oft sagen, daß Nordamerikaner und Europäer geistliche Waisenkinder sind, die ihre eigene Tradition nicht mehr zu verstehen scheinen und nun durch die Welt reisen, um Spiritualität woanders zu finden. Deswegen hoffe ich, wir können irgendwie in die Tiefe unserer eigenen sprituellen Tradition vordringen.

Ein Deutscher namens *Heinrich Zimmer*[1] hat einmal sinngemäß gesagt: *Über die besten Dinge kann man nicht reden, und die zweitbesten Dinge werden meistens mißverstanden. Deswegen verbringen wir die meiste Zeit unseres Lebens damit, über die drittbesten Dinge zu reden.* – Wir haben es uns wahrscheinlich in der Vergangenheit viel zu leicht damit gemacht, über Gott zu reden, das »beste Ding«. Aber wir sollten wenigstens wagen, über die zweitbesten Dinge zu reden. Die zweitbesten Dinge sind die, die auf die besten Dinge hinweisen, aber – wie Zimmer sagt – fast immer falsch verstanden werden. Damit müssen wir rechnen.

---

[1] *Heinrich Zimmer* (1890–1943), deutscher Philologe und Religionswissenschaftler, Spezialist für die Religionen Indiens, mußte 1938 aus Deutschland emigrieren und lebte und lehrte seit 1940 in den USA (Anm. d. Hrsg.).

Der *Held* in den großen Mythologien ist normalerweise nicht einer, der etwas Neues sucht, sondern er versucht, etwas wiederzuentdecken, was er verloren hat. Wir müssen auf der Suche nach unseren Wurzeln die rechte *Balance von Leib, Seele und Geist* wiederentdecken. Das Wort »Seele« ist im westlichen Christentum oft mißbraucht und falsch verstanden worden. Wenn ich die meisten westlichen ChristInnen – egal ob evangelisch oder katholisch – fragen würde, was der Unterschied zwischen Seele und Geist ist, wüßten sie es wahrscheinlich nicht. Sie würden sagen: »Ist es nicht dasselbe?« In der Tradition handelt es sich um zwei völlig unterschiedliche Dinge. Wir haben jahrhundertelang die Seele ignoriert und unseren Körper abgelehnt, um zum Geist zu gelangen. Wenn man so vorgeht, gelangt man zu einem sehr hohlen und oberflächlichen Verständnis von Geist. Nach dem *biblischen Menschenbild* sind wir Leib, Seele und Geist. Und diese drei haben sehr unterschiedliche Funktionen und Aufgaben.

Geist ist der Teil von uns, der sich nach Transzendenz sehnt, der Sehnsucht hat nach dem Jenseitigen, das über die vorfindliche Welt hinausgeht. Es ist der Teil von uns, der sich nach unversellem *Sinn* und nach *Gott* ausstreckt. Der Geist in uns ist der Teil, der ewig unzufrieden bleibt. Er läßt uns erkennen, daß uns am Ende alles enttäuscht und im Stich läßt. Der Geist läßt uns ruhelos.

Während der *Geist* also der Teil ist, der *aufsteigen* will, ist die *Seele* der Teil, der *hinabsteigen* will in die Tiefe. Nicht in universelle Antworten hinein, sondern ins konkrete Einzelne: Zum Beispiel in die Traurigkeit der Dinge, in ihre Unvollkommenheit – während der Geist immer nach Vollkommenheit sucht. Die Seele lernt von der Absurdität; sie ist der Teil von uns, der sich in Bildern, Träumen und Geschichten wiederfindet, besonders in Dingen, die alt oder gebrochen sind. Sie vertieft sich lieber in Poesie als in Prosa, in Musik und Literatur eher als in Logik und Technik.

Höllenfahrt Jesu: hinabgestiegen in das Reich des Todes

Die Seele wird durch das geweckt, was ich die »unwürdigen« Gefühle nennen möchte. Der Geist weigert sich, die unwürdigen Gefühle überhaupt zuzulassen. Der Geist sagt: »Ich bin doch nicht wütend, ich liebe doch Jesus!« Aber man glaubt es nicht. Zu schnell entwickelter Geist ist falscher Geist.

Bevor Jesus in den Himmel auffuhr, stieg er in die Hölle hinab. Als kleine katholische Jungs haben wir gefragt: »Was heißt denn das, daß Jesus in die Hölle hinabgestiegen ist?« – Und die Nonne hat gesagt: »Er ist hinuntergefahren, um Mose und Abraham zu holen.« Und ich habe gefragt: »Was machen *die* denn da unten?« Und die Antwort war: »Stell nicht solche Fragen!« Das Beispiel zeigt: Wir haben überhaupt nicht verstanden, was es heißt, daß Jesus hinabgestiegen ist in die Hölle. Und wenn uns das Leben selbst an diesen Punkt führt, verstehen wir es nicht, sondern wir denken, das Leben hat uns miese Karten gegeben. In Wirklichkeit ist das aber ein notwendiger und wesentlicher Teil unserer Reise.

Die Seele lernt von schrecklichen Dingen wie *Haß*. Jesus sagt: »Laßt die Sonne über eurem Zorn nicht untergehen«, aber er sagt nicht: »Du sollst keinen Zorn fühlen.« Im Gegenteil: Wenn wir heutzutage nicht über vieles in der Welt zornig sind, dann sind wir tot. Die Seele ist zum Beispiel bereit, Eifersucht zu fühlen. Sie wird zugeben, daß ich Wollust empfinde, daß ich neidisch und beleidigt bin, wenn ich nicht so viel Beachtung finde wie eine andere Person. Das sind die Gefühle, die die Seele öffnen, so daß sie die eigene Gebrochenheit erkennt.

Es gibt zwei Dinge, die unbedingt passieren müssen, damit die Seele *verstehen* lernt: *Liebe* und *Scheitern*. Wir müssen uns verlieben. Wenn wir uns verlieben, fallen die Barrieren, und für einen Moment macht alles Sinn. Der Schleier lüftet sich, und für einen Augenblick ist alles schön. Es ist die Erfahrung von *Vereinigung,* und für diese Erfahrung sind wir geschaffen. Aber wir können uns nicht an sie klammern oder sie festhalten. Diese Erfahrung kann in ihrer Höhe nicht festgehalten werden, sondern wir müssen wieder hinunter ins Tal, und wir müssen scheitern. Wir müssen irgendwo Ablehnung, ja sogar Demütigung erfahren. Das ist die Erfahrung der *Trennung,* dem Gegenteil von Vereinigung. Es gibt die *Schule der Vereinigung* und die *Schule der Trennung.* Diese beiden Schulen erziehen und erweitern die Seele. Wer das weiß, hat einen großen Raum zur Verfügung, um diese Erfahrungen zu verstehen und zu verarbeiten, wenn sie kommen.

Ohne Seelen- und Körperarbeit ist unsere Geisteserfahrung nicht nur unecht, sie ist auch dumm und gefährlich. Ich glaube, genau deshalb gibt es auf dieser Welt so unglaublich viel kranke und krankmachende Religion. Viele Menschen versuchen in den Geist hinaufzusteigen, ohne in die Arbeit der Seele und des Körpers hinabzusteigen. Erst wenn das westliche Christentum die wirkliche Natur des Menschen in seinen drei Teilen wiederentdeckt, wird es wieder Glaubwürdigkeit gewinnen.

Die Alte Kirche hat die Arbeit des Priesters als *cura animarum* verstanden – nicht als *Retten* der Seelen, sondern als *Sorge* für die Seelen: Menschen zu lehren, wie man sieht, wie man fühlt, wie man liebt und sich hingibt. Es gibt zu viele Leute, die sagen, sie hätten Jesus gesehen, aber es ist offensichtlich, daß sie nicht wissen, wie man sieht. Wenn wir lernen zu sehen, dann beginnen wir überall zu sehen. Seelenwissen ist in der Regel nicht neues Wissen als solches, es beinhaltet keine neuen Prinzipien oder etwas, was man im Kopf haben kann, sondern es besteht darin, daß das, was man schon 100mal gesehen hat, plötzlich in völlig neuem Licht erscheint. Ohne solch ein neues Sehen gibt es keine echte Bekehrung. Ein Großteil unserer sogenannten Geisterfahrung dringt niemals in das tiefe Unbewußte vor. Man trifft so viele Leute, die sagen, sie sind bekehrt, aber ihre unbewußten Vorurteile und Ängste sind niemals von dieser sogenannten Bekehrung berührt worden. Man kann mit Händen greifen, daß ihr Unbewußtes immer noch mit dem alten Selbst gefüllt ist; es gibt da nichts wirklich Neues. Sie sind jetzt einfach religiös und haben einen neuen religiösen Wortschatz zur Verfügung.

Das Kennzeichen für »zu viel Geist« ist Humorlosigkeit. Das ist absolut sicher! Die Augenbrauen solcher Leute sind ständig zerknittert. Sie haben immer die große universelle Antwort auf alle Fragen. Und sie sind so langweilig, weil sie immer dasselbe sagen, nie etwas Neues. Sie meinen, sie seien am Ziel, ohne die Reise gemacht zu haben.

Das Wort für Seele im Griechischen ist *Psyche*. Die Stammwurzel dieses Wortes bedeutet ursprünglich: *»Schmetterling«*. Wie man sieht, ist es sehr schwer, die Seele zu beschreiben: Sie ist dies, und dies, und dies.... Und wenn man nicht lernt zu sehen und zu fühlen und sich nicht durch Leiden öffnen läßt, dann wird man seelenlos. Natürlich wird Gott einen auch dann lieben, aber da ist eigentlich nichts, was zu retten wäre.

Wenn hingegen der Geist *vernachlässigt* wird, was bei modernen Menschen ganz oft der Fall ist, kommt er gleichsam durch die Hintertür wieder zurück, zum Beispiel durch spritualisierte Formen von Psychologie, durch ein Fasziniertsein von Magie, Astrologie oder Okkultem oder durch eine Begeisterung für Science Fiction. Manchmal auch durch *Erscheinungen:* Bei Katholiken geschieht es, daß Maria plötzlich überall auftaucht. Man kann sagen, das ist Blödsinn, aber man kann auch sagen, das sind Menschen, die nach Transzendenz suchen. Beide, Seele und Geist, sind gefährlich, wenn sie einander nicht ergänzen. Aber nichts ist gefährlicher als *Geist ohne Seele und Körper*!

Man kann auch im *Körper gefangen* sein, nämlich dann, wenn es keine Seelenarbeit und keine Sehnsucht nach dem Geist gibt. Vor einigen Wochen habe ich bei einer Konferenz auf *Hawaii* gesprochen. Ich war in einem Hotel untergebracht, neben dem gerade ein Treffen von Motorradfahrern stattfand. Ich habe nichts gegen Motorräder. Aber drei Tage lang nur Leute mit einem Sechspack Bier in der einen und einem hübschen Mädchen an der anderen Hand, die auf ihrem Motorrad sitzen und drei Stunden lang im Kreis herumfahren! Ich habe keinen Zweifel, daß Gott auch diese Leute mag, aber es sah ganz danach aus, als seien sie in ihrem Körper gefangen.

Die *Seele* wird oft *negativ* als eine Art Strudel beschrieben, ein brodelnder Kessel. Wenn man mit der Seelenarbeit anfängt, kann man sich in den Psychoslang oder den Selbsterfahrungstrip verlieben. Oder man redet unentwegt über seine sexuellen Verwundungen und über den sexuellen Mißbrauch, den man in der Kindheit erlitten hat. Das kann zu einem Strudel werden, aus dem man nicht mehr herauskommt. Es gibt immer noch etwas, worüber man reden muß. Ich kenne Leute, die reden 20 Jahre lang darüber, wie sie vergewaltigt wurden. Das ist die einzige Brille, durch die sie die gesamte Wirklichkeit sehen. Sie haben nichts *von der Seele gelernt,* sondern sie sind *in der Seele gefangen.*

Es gibt einen wunderschönen Vers im Johannesevangelium, wo alle drei Teile genannt werden: »Das *Wort*« – Logos, der Geist – »wurde *Fleisch*« – Körper, und der dritte Teil heißt: »und er wohnte unter uns« (Joh. 1,14). Das ist die Seelenarbeit: Nämlich das Wohnen des Geistes im Körper 30, 40 Lebensjahre lang, das Horchen, Lernen und Warten, das Lieben und das Verlieren.

Man kann im Körper gefangen sein, man kann in der Seele gefangen sein und auch im Geist. Ein Mann Gottes zu sein heißt, daß man diesen dreien erlaubt, einander zu lehren. Das ist eine *Lebensaufgabe,* das geschieht weder in zehn noch in 20 Jahren. Obwohl es einen natürlichen Kampf dieser drei gegeneinander gibt – denn sie wollen einerseits unabhängig sein – sehnen sich andererseits Leib, Seele und Geist nacheinander und brauchen einander.

Die Seele muß verwundet werden. Ich spreche vom »Loch in der Seele«. Irgendwie muß ein Schock passieren, die Logik und das Spiel, das wir spielen, müssen zusammenbrechen. Das ist wesentlich. Darum seien Sie nicht überrascht, wenn es passiert, seien Sie nicht enttäuscht und sagen: »Warum ausgerechnet ich?« Die Heiligen haben gesagt: »Halleluja, das ist es!« Wenn Leute zu mir kommen und sagen: »Oh, Richard, mir geht es so schlecht«, dann sage ich: »Wie schön!« Und wenn Leute kommen und sagen: »Alles ist so wunderbar, es gibt überhaupt keine Probleme«, dann sage ich: »Das ist nicht so gut, das ist eine Schande!« Denn da wird man wahrscheinlich nicht viel lernen.

Die Menschen, die die ausgeprägteste Tendenz haben, nach oben abzuheben, sind *junge Männer*. In den Mythen fast aller Völker wird der junge Mann mit Flügeln an den Füßen oder auf dem Rücken dargestellt. Männer zwischen 18 und 33 sind gefährlich! Und sie werden nach 33 noch gefährlicher, wenn sie zuvor ihre Seele nicht gefunden haben. Der junge Mann möchte in irgendeine universelle Wahrheit hinein aufsteigen, wo er immer recht hat, wo er immer die Kontrolle hat, wo er immer seiner selbst sicher sein kann. Das tut er natürlich genau deswegen, weil er sich seiner selbst überhaupt nicht sicher ist. Aber er möchte nicht, daß die Frauen und die anderen Männer das sehen. Als ich ein kleiner Junge war, habe ich immer Baumhäuser gebaut. Mein Baumhaus mußte das höchste im ganzen Viertel sein, wo ich oben stehen und auf alle anderen runterschauen konnte. Irgenwie meinte ich, die Wahrheit zu haben. Und deswegen muß folgendes passsieren: Wir müssen fallen.

Die meisten Stämme und die meisten Völker haben die Jungen gelehrt, wie man fällt. Das nannte man *Initiation*. Es ist interessant, daß zwei Drittel der Menschheit den merkwürdigen Ritus der Beschneidung entwickelt hat. Warum? Was soll das? Was wollten sie damit ausdrücken? Was wollten sie den Mann lehren, und zwar nicht im Kopf, sondern

Ikarus: Aufstieg und Fall des Jünglings

am Leib, ausgerechnet da, wo er gewissermaßen am aufgeblasensten ist? Fast alle bedeutenden Kulturen hatten diese Einrichtung der Beschneidung.

Als ich das erste Mal unter Indianern gelebt und gearbeitet habe, habe ich festgestellt, daß die Jungen plötzlich für sechs Wochen verschwanden. Das Dorf lag auf einer 100 Meter hohen Mesa, einem Tafelberg, und der einzige Weg, hinaufzukommen, waren Handgriffe im Fels, wo man sich hochhangeln mußte. In diesen sechs Wochen haben sie gesagt: »Auch du, unser Priester, darfst nicht hochkommen.« So blieben wir diese Zeit unten. Ich weiß nicht, was sie da gemacht haben, was man sie da gelehrt hat, weil es geheim ist. Aber ich weiß, daß diese Jungen nach diesen sechs Wochen völlig anders waren. So viel habe ich erfahren: Die Väter, die Weisen Männer, haben sie zwei Dinge gelehrt, nämlich *Sexualität* und *Spiritualität*. Als sie wieder herunter kamen, waren sie selbstbewußter und selbstsicherer. Man konnte sehen, daß sie in den »Club der Männer« aufgenommen worden waren, daß sie jetzt dazugehörten. Sie mußten nicht das tun, was wir unser ganzes Leben lang tun müssen: nämlich uns den Zutritt zu diesem Club verdienen.

Wir haben natürlich unsere eigenen Initationsriten: Vielleicht die erste sexuelle Erfahrung oder den ersten Vollrausch, die erste Zigarette, die Fahrprüfung oder Schulabschluß und Berufsstart. Trotzdem ist es so, daß die Zeit der *Adoleszenz,* wo wir uns ausprobieren und nach unseren Möglichkeiten suchen, bei uns jetzt dauert bis wir 32 sind. Und selbst dann sind wir uns noch nicht sicher und fragen die Väter: »Wer bin ich?« Und weil die Väter es nicht wissen und nicht sagen können, gehen wir zu den Müttern oder zu unserer Freundin oder Frau, und wir sagen zu ihr: »Sag mir doch, daß ich goldig bin! Sag mir, daß du mich liebst!« Das ist gut so, und ich hoffe, sie kann das tun. Aber warum erwarten wir Männer es nicht voneinander? Warum rechnen wir nicht einmal mehr damit, daß ein Mann an uns glauben und uns lieben könnte, daß ein Mann die Fähigkeit haben könnte, für uns zu sorgen? Wenn wir das nicht von älteren Männern glauben können, dann werden wir es auch von uns selbst nicht glauben. Und das Muster wird sich wiederholen: Noch eine Generation von Vätern, die nicht wissen, wie man Vater ist, wird heranwachsen, Väter, die ihren Söhnen das nicht geben können, was ihr Vater ihnen auch nicht gegeben hat.

Viele von ihnen kennen sicherlich die Arbeit von *Robert Bly*[2]. Er ist im Moment der Führer der säkularen Männerbewegung in den USA. Er gibt zu, daß alle seine wesentlichen Einsichten von dem deutschen Psychoanalytiker *Alexander Mitscherlich* kommen, der ein Buch über die *»vaterlose Gesellschaft«* geschrieben hat[3]. Er hat sich mit der deutschen Gesellschaft nach dem Zweiten Weltkrieg beschäftigt und dabei eine ganze Generation von Männern ohne Vaterenergie entdeckt, weil ihre Väter getötet worden waren. Diese Wunde ist in Deutschland besonders tief – obwohl wir sie in den USA natürlich auch haben. Deshalb ist das, was ich sage, für Sie in Deutschland vielleicht noch brisanter als für uns.

Wir haben nicht mehr den klassischen Helden, denjenigen, der sich auf den Heldenweg macht. Wir haben nur noch das, was *Sören Kierkegaard* den »tragischen Helden« nennt – und natürlich den gesellschaftlichen Pseudohelden, der sich durch Konformität auszeichnet. Er weiß nicht, wer er ist, sondern nur, wer er sein *soll*, und bereits Kierkegaard hat gesagt, das sei das einzige, was der Westen hervorbringen kann. Die geistliche Reise ist die Reise zu dem, was wir *wirklich* sind, *Paulus* würde sagen, wer wir sind, *»verborgen mit Christus in Gott«* (Kol. 3,3). Es ist die Reise zu dem, der du

---

2 *Robert Bly:* Eisenhans. Ein Buch über Männer, München: Kindler Verlag, 1991.
3 *Alexander Mitscherlich:* Auf dem Weg zur vaterlosen Gesellschaft. Ideen zur Sozialpsychologie, München: Piper Verlag, 19. Aufl. 1992.

bist, bevor du irgend etwas richtig oder falsch gemacht hast, der du bist, bevor du dir irgendwelche Gedanken gemacht hast. Es ist die Reise zu »dem Gesicht, das du hattest, bevor du geboren wurdest«, wie ein Zen-Meister sagt. Das Ziel echter Spritualität ist immer, dieses wahre Selbst zu entdecken. So einen Helden nennt Kierkegaard den wahren »Ritter des Glaubens«, im Gegensatz zum tragischen und zum kulturellen Ritter. Nur so ein Mann kann das, was wir Christen die »Abrahamsreise« nennen, unternehmen, also die Reise vom Alten ins Neuland.

Gewöhnlich ist das *mittlere Alter* die letzte Chance, die wir haben, uns auf diese Reise zu machen. Dieses Alter ist die Zeit, wo wir hoffentlich bereit und offen genug sind, um auf Stimmen aus anderen Räumen zu hören – auch aus anderen Räumen in uns selbst, wo wir die Teile in uns erkennen, die wir bisher verleugnet haben, und auf sie hören.

Der *junge Mann* möchte den Drachen töten, er möchte den dunklen Teil seiner Seele umbringen oder verstecken. Denn das würde ihm erlauben in den Himmel aufzusteigen und heilig und rein zu sein. Der *Weise Mann* – oder der »weibliche« Teil des Mannes – aber begreift: Ich kann den Drachen nicht umbringen. Ich kann ihn nur zähmen, ihm vergeben oder ihn sogar lieben. Das ist der Anfang der *Weisheit*. Aber so eine Weisheit lehren wir die Menschen nicht mehr. Darum gibt es eine enorme Anzahl von Menschen, die in Verleugnung leben, die Teile ihrer Selbst ablehnen und hassen. Und was man haßt und ablehnt, das wird man immer auf eine andere Gruppe, Religion oder Rasse projizieren, anstatt es bei sich selber anzusehen.

Diese schmerzhafte und demütigende Erfahrung mit sich selbst nenne ich gerne »die große Niederlage«. Alles in unserem Ego wird versuchen, diese Niederlage zu vermeiden oder nicht anzuerkennen. Man wird alle Theologie aus dem Himmel runterholen, um sie wegzuerklären. Die große Niederlage ist das, was ich das »Loch in der Seele« nenne. Die-

St. Georg:
Der Mann als
Drachentöter

St. Martha:
Die Frau als
Drachenzähmerin

se große Niederlage birgt die Möglichkeit in sich, schließlich zu dem zu werden, was ich die *»Heilige Wunde«* nennen möchte. In jeder großen Mythologie, ob indianisch, chinesisch oder keltisch, passiert es, daß der Held verwundet wird. Für uns Christen ist das natürlich dargestellt im blutenden Leib Christi, dem Archetyp des Verwundeten, der für uns die Reise der Seele definiert hat, und der uns auf einen Weg eingeladen hat, der dahin führt, daß wir endlich verstehen. Wir erreichen das nicht durch Nachdenken, wir können es nicht *machen*. Alles, was wir tun können, ist, uns selber aus dem Weg zu schaffen, und vor allem aus dem Kopf herauszukommen, wo sich gerade die Deutschen – und ich selber bin ja deutschstämmig – so gerne aufhalten wie kein anderes Volk der Erde. Der Kopf ist nicht schlecht, aber er ist nur *ein* Raum und nicht das ganze Haus.

MÄNNLICHE INITIATION

»Die Helden aller Zeiten sind uns vorangegangen; das Labyrinth ist eingehend erforscht. Wir brauchen nur der Spur des Heldenweges zu folgen. Dann werden wir da, wo wir geglaubt haben, einen Moloch zu finden, einen Gott finden; wo wir geglaubt haben, nach außen zu reisen, werden wir in die Mitte unserer eigenen Existenz gelangen; und wo wir geglaubt haben, alleine zu sein, werden wir vereint sein mit der ganzen Welt.«

Joseph Campbell[1]

In den meisten Kulturen werden Männer nicht geboren – sie werden *gemacht*. Viel mehr noch als von Frauen verlangen fast alle Kulturen von jungen Männern Pubertäts- und Initiationsriten – fast so als hätten Frauen durch die biologischen Erfahrungen der Menstruation und des Kindergebärens bereits genug Weisheit mitgekriegt. Männer dagegen müssen geradezu gewaltsam erwachsen gemacht werden: Sie werden Prüfungen unterzogen, Beschränkungen unterworfen, herausgefordert, bestraft, geschunden; sie werden beschnitten, isoliert, ohne Nahrung gelassen und nackt ausgezogen. Dieses Muster besitzt beinahe Allgemeingültigkeit. Die einzige echte Ausnahme bildet die säkularisierte westliche Welt. Pfadfinder, Jungschargruppen und Fußballvereine haben sich als Ersatz versucht, allerdings ohne große spirituelle Wirkung.

In der Vergangenheit war das Programm klar: Der Junge muß von der beschützenden weiblichen Energie getrennt und in einen heiligen Raum eingeführt werden, in dem

---

[1] Zitiert nach *Leonard Biallas:* Myths, Gods, Heroes and Saviours. Mystic, Conn.: Twenty-Third Publications. 1986, S. 166.

Neuwerdung und Männlichkeit als etwas Heiliges erlebt werden können. Der Junge muß rituell verwundet und auf die Probe gestellt werden, er muß starke Verbundenheit mit anderen Männern und Loyalität zu den Werten des Stammes erfahren. Dieses Muster ist so weit verbreitet und belegt, daß es verwundert, wie leichtfertig wir es aufgegeben haben. Randalierende Skinheads, Verwirrung der Geschlechterrollen, Kriegsverherrlichung, blindwütige Gewalt und Homophobie, wie wir sie heute erleben, werden solange ungehindert zunehmen, bis die Heranwachsenden wieder von weisen und erfahrenen Mentoren unterrichtet und ins Leben eingeführt werden. Früher war das die Aufgabe des Medizinmannes, des Priesters und des Schamanen. Heutzutage suchen Jungen bei Sporttrainern, Feldwebeln und rechtsradikalen »Führern« nach dem, was die Kirche ihnen nicht mehr gibt. Tatsache ist, daß sie diese Angebote von Geistlichen sogar ablehnen, wahrscheinlich deshalb, weil wir ihnen zu lange Steine statt Brot, moralinsaure Schmalkost statt mutiger Reisen und Sonntagspflicht statt eines riskanten und visionären Aufbruchs gegeben haben.

Männliche Initiation hat stets mit *Härte* zu tun, mit Schwierigkeiten, mit Kampf und gewöhnlich auch mit einer respektvollen Konfrontation mit dem Nicht-Rationalen, dem Unbewußten, oder wenn man so will, dem *Wilden*. Sie bereitet den jungen Mann darauf vor, sein Leben anders zu meistern als mit Hilfe von Logik, Machterhaltung und Problemlösungsstrategien. Im Grunde bereitet sie ihn vor auf die Begegnung mit dem *Geist*.

Weil heutzutage eine solche Schulung fehlt, ist der moderne Mann nicht nur in einer Bequemlichkeitsfalle gefangen, sondern auch in der eigenen Psyche und in dem, was er für Vernunft hält. Dies ist der Mythos der Moderne, der die westliche Welt in den letzten Jahrhunderten geprägt hat. Er ist ebensolch ein Mythos wie die Mythen von Zeus,

Quetzalcoatl[2] oder Adam und Eva *Mythen* waren. Weil unsere Männer nicht in das Heilige eingeweiht werden, halten sie diesen Mythos für die objektive Wahrheit und die kosmische Weltordnung. Sie sind dermaßen gefangen im Mythos der Moderne (der sich aus Fortschrittsgläubigkeit, logisch-analytischem Denken als Inbegriff der »Wahrheit« und dem Glauben an die Autonomie des Individuums zusammensetzt), daß sie immer unfähiger werden, der transzendenten Wirklichkeit zu begegnen. Dem heutigen Unglauben liegt größtenteils eine so verstandene Säkularisierung zugrunde. Atheismus und Agnostizismus waren vor dem modernen Zeitalter undenkbar. Sie sind nach wie vor für Männer undenkbar, die in echte Weisheit eingeweiht wurden.

In klassischen Erlösungsgeschichten und mythischen Reisen durchlaufen Männer idealtypisch mehrere Stufen des Bewußtseins: von der *einfachen* über die *komplexe* zur *erleuchteten*. Innerhalb dieser gibt es viel subtilere Abstufungen, aber für unsere Zwecke sollen diese drei genügen. Diese Vereinfachung entspricht der Empfehlung des Zenmeisters: Beginne mit der *nächstliegenden* Lösung, dann denke nach, lerne, warte und kämpfe so, als hinge alles nur von dir ab, und du wirst zur nächstliegenden Lösung zurückgeführt werden – aber in völlig neuer Weise, die überhaupt nicht naheliegend ist.

Der Knabe bzw. der nicht-eingeweihte Mann beginnt auf der *Stufe des einfachen Bewußtseins*. Alles erscheint wundervoll und wahr, schwarz und weiß, voller Geheimnisse und Bedeutungen, die dicht unter der Oberfläche der Dinge liegen. Bis zum Alter von sieben oder acht Jahren sind wir alle echte Gläubige, wenn auch viele Menschen wesentlich länger im einfachen Bewußtsein verharren. In behüteten Familien und undifferenzierten Gesellschaften erfreuen sich viele

---

2 *Quetzalcoatl:* »Gefiederte Schlange«, Schöpfergottheit in der mittelamerikanischen Maya-Mythologie (Anm. d. Hrsg.).

Menschen lange Zeit ihres Lebens dieser Unschuld. Sie ist naiv und oft auch gefährlich. Jedenfalls ist sie durch ein reiches Innenleben voller Geschichten, Sinnhaftigkeit und klaren Bezugspunkten gekennzeichnet, das es Menschen ermöglicht, auch größte Schwierigkeiten unversehrt zu überstehen. Sie gehen einfach nach innen, finden dort ihre transzendente Bestimmung und können dadurch mit Ungerechtigkeiten, Widersprüchen und Leiden fertigwerden. *Gottes Therapie* hat die meisten Menschen seit Anbeginn der Zeiten auf diese Weise durchs Leben getragen. Man nennt diese Haltung auch schlicht *Glauben* oder *Vertrauen*. Nichts funktioniert besser. So wie Adam und Eva im Garten Eden: Eins mit sich, den Tieren, der Schöpfung und Gott.

Dennoch müssen wir das Paradies verlassen, um den Rest der Bibel zu schreiben. Wir essen unweigerlich vom *Baum der Erkenntnis* von Gut und Böse und gelangen ins *komplexe Bewußtsein*. Wir werden erzogen, fangen an nachzudenken und uns um die Bewältigung und Kontrolle aller Informationen zu bemühen. Wir selbst werden zu einer Art Konglomerat von Widersprüchen, Meinungen und nützlichen Verdrängungen. Wir sind überzeugt, daß es die Lösung irgendwo da draußen geben muß, und beständig halten wir nach ihr Ausschau, lesen Bücher und stopfen große Brocken vorläufiger Gewißheiten in uns hinein – bis zum nächsten Angstanfall.

Das macht den größten Teil der Reise aus, hin- und hergerissen zwischen Scylla und Charybdis, im Kampf mit dem Kyklopen und von den Sirenen angelockt. So wie den Israeliten, die 40 Jahre lang in der Wüste im Kreis gegangen sind, geht es dem modernen, gebildeten, progressiven Geist, der die endgültige Wahrheit in Gefühlen, Erklärungen und politischen Richtigkeiten sucht. Auf der Stufe des komplexen Bewußtseins wissen wir *zuviel*, um ins Paradies zurückkehren zu können. Das wird durch ein Symbol der Cherubim mit den lodernden Flammenschwertern ausgedrückt, die den Weg zum *Baum des Lebens* versperren (vgl. Gen. 3, 24).

Trotzdem wissen wir nicht *genug,* um erleuchtet zu werden. Das ist die existentielle Angst und Bürde moderner Menschen. Sie sind im komplexen Bewußtsein gefangen und trinken immerfort von denselben Brunnen: den Brunnen der Logik, Ordnung, Kontrolle und Macht. Das ist in gewisser Weise auch gut und notwendig. Gäbe es nicht diese zweite Stufe, gäbe es kein Verlangen, keinen Raum und kein echtes Verstehen von Gottes Geschenk. Normalerweise gelangt kein Held zur Erleuchtung, bevor er nicht eine Reihe von Verletzungen, Enttäuschungen und Widersinnigkeiten durchlebt und durchlitten hat. Diese Auseinandersetzung mit Finsternis und Trauer schult die Seele des Mannes. *Körperlich* wird solche Finsternis als Schmerz oder Behinderung erlebt, ähnlich dem ausgerenkten Hüftgelenk Jakobs (Gen. 32, 26). *Intellektuell* tritt die Dunkelheit und Absurdität in Gestalt von Koans[3] und Rätseln auf, wie dem Rätsel der Sphinx oder den Anti-Antworten der Zenmeister. Ich bin überzeugt, daß die Bergpredigt Jesu dieselbe Struktur hat. Leider fehlte der Kirche des Westens die Geduld, sich mit dieser Weisheit zu befassen, die von der erleuchteten dritten Stufe stammt.

Wenn wir uns führen lassen, werden wir zur *Erleuchtung* geführt. Der Held kann die Erleuchtung nicht herbeiführen, er kann sie nicht wählen, nicht einmal ganz dafür entscheiden kann er sich. Denn er kennt sie noch nicht! Er kann sich lediglich für sie *bereit halten.* Leben heißt, sich bereit machen, da sein und wach werden. Man beachte, in wie vielen Gleichnissen und Parabeln es Jesus um Bereitsein

---

3 Ein *Koan* ist ein Paradox, über das meditiert wird, und das dazu benutzt wird, zenbuddhistische Mönche darin zu schulen, ihre letzte Abhängigkeit vom Vernunftdenken aufzugeben und zum Erlangen plötzlicher intuitiver Erleuchtung zu bringen (Webster's Ninth New Collegiate Dictionary, 1985).

Buddha: Symbol der Erleuchtung

und Wachsein geht. Religion ist natürlich der bequemste Ersatz dafür. Lehrsätze und vereinfachende Gewißheiten über Vergangenes und Zukünftiges ersetzen das schlichte *Dasein im Hier und Jetzt.* So seltsam es klingen mag: Religion verhindert wahre Erleuchtung. Religion manifestiert sich meist in einem beschränkten Standesbewußtsein, das eher auf Angst und Kontrolle beruht als auf Gottsuche.

Erleuchtung bedeutet nicht *Wissen,* sondern vielmehr *Wissen loslassen,* nicht *lernen,* sondern vielmehr *verlernen.* Es handelt sich um eine *zweite, bewußt gewählte Naivität,* die all die dazwischenliegenden Widersprüche und Kompliziertheiten nicht völlig vergessen hat. Erleuchtung beinhaltet Hingabe und Vertrauen, weniger Endgültiges und Festgelegtes; sie beinhaltet vor allem und mehr als alles andere *geschenkte Gnade.* Man kann sich nicht durch irgendwelche bekannten Übungen, Rituale oder moralische Praktiken selbst erleuchten. Das macht die Anhänger der Religion schier wahnsinnig, doch »der Geist weht«, wie Jesus sagt, »wo er will« (Joh. 3,8). Man kann nichts weiter tun als die Reise fortzusetzen, dabei Qualvolles wie Ekstatisches zu lernen und um diese seltenste und wesentlichste aller Gaben – *Offenheit* – zu bitten. Alles, was wir machen können, ist darauf zu achten, nicht im Weg zu stehen (in der Mythologie wird das durch das Töten des Drachens symbolisiert) und darum bitten, beizeiten die Geheimtür zu finden, die uns den Weg aus der Komplexität weist. Und dann werden wir eines Tages aufhören, an diese Tür zu klopfen, weil wir merken, daß wir von *innen* klopfen.

Spiritualität hat die Aufgabe, uns auf diese vergessene Reise zu rufen und insbesondere Männern zu sagen, daß es so einen Weg überhaupt gibt.

DIE REISE DES WILDEN MANNES

»Wem dient der Gral?«
 Die entscheidende Frage Parzifals
 am Ende des Heldenweges

In den Heldensagen aller Mythologien finden sich erstaunlich ähnliche Wege zum wilden bzw. weisen Mann. Der Held mag tausend verschiedene Wege gehen, und doch liegen seinen verschlungenen Pfaden offenbar klassische und konstante Muster zugrunde. Es überrascht nicht, daß für Christen das entscheidene Glaubensgeheimnis weniger ein System von Lehrsätzen, als vielmehr ein sich in Christus offenbarender *Weg* ist: *Christus ist gestorben, Christus ist auferstanden und Christus wird wiederkommen.* Leben beinhaltet Tod, Versagen und Absurdität; Leben beinhaltet Erneuerung, Freude und Schönheit. Dieses Muster ist unumgänglich, universell und heilbringend. Jesus ist für uns Christen der entscheidende Mythenmacher, der die Zusammenhänge des Lebens aufdeckt und uns vermittelt, daß uns derselbe Weg erwartet und wir diesem Weg vertrauen dürfen. Schon vor der letzten Offenbarung dieses Musters durch Jesus haben alle Kulturen etwas über diesen Weg gelernt und gewußt, den ich den *Weg des Helden* nenne.

Der Held ist in der Regel kein Gott, auch kein Heiliger, er ist immer ein menschliches Wesen mit einem großen tragischen Mangel. Dieses Bild sehen wir in Jesus dargestellt durch die Wunden an seinen Händen und in seiner Seite. Wir können nicht die Helden der Geschichte eines anderen Menschen sein, man kann nur der Held seiner eigenen Geschichte sein. Das heißt, wir müssen darauf achten und horchen, was unser tiefstes und wahres Selbst ist. Eine meiner größten Enttäuschungen besteht darin, daß die Kirche uns oft nicht erlaubt hat, das zu tun.

Zunächst ist es im Rahmen von Heldensagen weit verbreitet, von *zwei Geburten* auszugehen, die nötig sind, um zur Erleuchtung zu gelangen. Die erste ist natürlich und biologisch, in die zweite müssen wir eingeweiht werden. Deshalb sprechen die großen religiösen Führer über die Notwendigkeit von Bekehrung, Entscheidung, Suche und Hingabe. Vor unserer »Wiedergeburt« verstehen wir im Grunde nichts. Wir sind naiv, zynisch oder in flüchtigen Vorstellungen gefangen. Der Osten nennt es *Blindheit, Illusion* oder *zielloses Begehren*; der christliche Westen nennt diesen Zustand nach der »ersten Geburt« gewöhnlich *Sünde*. Das wird deutlich in den Schriften des Paulus. Sünde bezeichnet eher eine Haltung des Bewußtseins (oder einen Bewußtseinsmangel!) als einzelne moralisch verwerfliche Taten. Ohne spirituelle Reise entsteht das Kuriosum, daß Menschen, die Sünde »vermeiden« wollen, immer tiefer in den Zustand der Sünde verstrickt werden! Sie fluchen nicht, sie trinken nicht und treiben sich nicht herum, aber sie tun es aus einem völlig unerleuchteten Bewußtsein heraus, dem in der Regel Angst oder soziale Anpassung zugrunde liegen. Ich behaupte, das Entscheidende ist die Reise, der Weg, das Muster! *Was* auf diesem Weg passiert, ist in gewisser Weise Zufall und zugleich Vorsehung. Entscheidend ist, was wir damit anfangen.

Mitten in ein farbloses, uneingeweihtes Leben hinein ertönt ein *Ruf*. Der Held wird über sein eigenes Ich hinaus auf eine Suche oder in ein Abenteuer geführt, seinem transzendenten Ziel entgegen. Dieser Ruf kann von innen heraus oder von Vorbildern oder Umständen in der Außenwelt kommen. In jedem Fall locken den potentiellen Helden das *Andersartige*, das *Geheimnisvolle* und das *Heilige*. Der Ruf kommt, und der Held muß das Zuhause, das Vertraute verlassen, und zwar um des »Wilden« willen. Es ist interessant, daß das Wort »wild« eher negativ besetzt ist. Als wir Europäer nach Amerika kamen, haben wir gemeint, unsere Aufgabe bestünde darin, das Wilde zu domestizieren und alles so zu machen, wie es in Europa ist. Alles was nackt oder wild oder frei war, war irgendwie gefährlich. Das kann nicht wahr sein! Dadurch haben wir unsere instinktiven Wurzeln verloren, die auch das Christentum erst lebendig, tief und reich machen.

Dieser *Ruf* ist die *erste Stufe der Wiedergeburt*. Auf dieser Schwelle kann unser Ja zu diesem Weg sehr unterschiedliche Gestalten annehmen. Aber in jedem Fall muß ein klares Erkennen der Herausforderung da sein, und das Ja muß als solches deutlich vernehmbar sein. Schade, daß viele auf dieser Stufe zögern. Niemand erklärt ihnen, wo dieses Verlangen herkommt und wo es hinführt. So vieles geht uns heutzutage verloren, nur weil es kaum spirituelle Meister und Wegbegleiter gibt!

Die Reise geht in der Regel weiter, sobald der Held einem *Beschützer* begegnet, der ihm hilft und die Richtung weist, der ihn ermutigt und stärkt. Niemand unternimmt die Reise allein. Es gibt immer ein weises Vorbild, einen Schutzengel oder Schutzpatron – also jemanden, der sowohl die Richtung der Reise kennt als auch vor den Gefahren und Hindernissen warnt, denen man unterwegs begegnen wird. Wir sehen das beispielsweise in Gestalt von *Vergil*, der *Dante* in der Göttlichen Komödie durch das Fegefeuer führt. Wir brauchen immer einen älteren Bruder, der nur ein paar Schritte voraus ist und uns sagt: »Es gibt eine Reise.« Normalerweise ist es keine Vater- oder Großvaterfigur, sondern ein Bruder, der nicht zwanzig Schritte voraus ist, sondern zwei oder drei. Es gibt normalerweise *viele* Dämonen und Drachen, mit denen man konfrontiert wird, aber nur *eine einzige* klare Leitfigur. Das Negative hat viele Gesichter, das Positive wird normalerweise als klar, einfach und schön – und doch zugleich geheimnisvoll – dargestellt. Heutzutage besteht das gängige Muster darin, sich aus vielen Traditionen und Lehren ein eklektisches Lebenskonzept zu basten, anstatt *einer* Traditon entschieden zu folgen. Das führt gewöhnlich nirgendwo hin, weil das Ego, das Angst vor jeder Veränderung hat, als Zensor darüber entscheidet, ob und wann es zur Hingabe bereit ist.

Deshalb kommt es normalerweise erst zur *Schwellenerfahrung*, wenn das eigene Gedankengebäude von Logik, Sinn und Wahrheit zusammenbricht. *C. G. Jung* sagt: Echte Begegnung mit dem Göttlichen bedeutet immer Vernichtung des Ego! Das passiert dem *Perseus*, als er mit dem Schlangenkopf der *Medusa* kämpft. Es passiert *Jesus*, als er sich von Petrus, Judas, dem Volk und schließlich seinem eigenem Vater verraten und verleugnet fühlt. So ergeht es dem modernen Mann, wenn er dem eigenen Schatten aufgrund von Versagen, Verstrickung oder Anfeindung frontal ins Auge sehen muß. Der Junge muß sterben, damit der Mann geboren werden kann. Das Problematische an einer Überflußgesellschaft wie der unsrigen ist, daß bis ins späte Alter hinein durch Geld und aufgrund mannigfacher Ausweichmöglichkeiten ein infantiler Größenwahn aufrechterhalten werden kann. In uns gibt es einfach keinen Platz für Gott, solange wir voll sind mit unseren falschen Selbstbildern. Jesus sagt: *»Solange das Weizenkorn nicht in die Erde fällt und stirbt, bleibt es allein«* (Joh. 12, 24).

Wenn unser Held versucht, den Drachen zu töten, macht er eine sehr erniedrigende Erfahrung; das ist die *»große Niederlage«*. Wenn das Ego zu stark ist, wird der Held zwar trotzdem versuchen, den Drachen umzubringen, aber das hat zur Folge, daß er für den Rest seines Lebens in der Welt der Macht und der Illusion hängenbleibt. Der Drachen kann nämlich nicht wirklich umgebracht werden, er kann nur gezähmt werden. In der franziskanischen Sprache würden wir sagen, man kann nur Freundschaft mit ihm schließen. Aber die egozentrische Person erlebt das als Niederlage. Und wenn sie kein Training in Demut hat, wird sie ausweichen, weil sie das Bedürfnis hat, erfolgreich zu sein und immer zu gewinnen.

In die Mitte der Begegnung fällt also das Ereignis der großen Niederlage, der Verwundung. Das ist die Begegnung mit dem dunklen Selbst. Der christliche Begriff dafür war traditionell die Begegnung mit der eigenen *Sündhaftigkeit*. Diese Erfahrung wird sich wie ein Sterben, wie ein Verlust anfühlen. Man ist gezwungen, Begrenzungen auszuhalten, von denen man sagt: »Diese Grenzen sollte es nicht geben.« Auf der spirituellen Reise machen wir den Weg von der eigenen kleinen Lebensgeschichte zu »unserer« Geschichte. Die Begegnung mit der Verwundbarkeit, mit der Wunde hilft uns, zur Barmherzigkeit zu gelangen, damit wir sehen: Meine Geschichte ist auch die Geschichte der anderen. Deswegen wird die Wunde oft als gebrochenes oder blutendes Herz dargestellt. Es sieht so aus, als ob das Herz tatsächlich brechen muß. Es muß eine große Niederlage geben, oder Gott ist nicht in der Lage, unser Zentrum zu werden.

Wenn die Verwundung passiert, kann der Weg in zwei verschiedene Richtungen verlaugen: Wenn ich mir nur selbst leid tue, und sage: »Warum mußte das geschehen? Warum ausgerechnet mir?«, dann schickt uns die Wunde zurück in meine individuelle und einsame Geschichte, und sie wird zu bitteren Wunde. ich fürchte, viele Leute heute haben nur solche bitteren Wunden. Die großen Traditionen hingegen haben alle von der »Heiligen Wunde« gesprochen. Es ist möglich, daß dieselbe Sache einem Menschen passiert, aber ihn nicht zurückwirft ins Selbstmitleid, sondern ihn nach vorne treibt in unsere große gemeinsame Geschichte, so daß er sieht, daß sein Schmerz Teil des universellen Schmerzes ist.

Wir müssen scheitern, oder wir werden nichts verstehen. Darum seien Sie nicht überrascht, wenn sich die Wunde ereignet. Sie ist das *»Loch in der Seele«*, durch das Gott hineinkommt und wir herauskommen aus unserer Gefangenschaft.

Was sonst sollte der gekreuzigte Jesus bedeuten? Wir beten dieses Kreuz jahrelang an, und doch verstehen wir meist nicht, daß dieser Jesus am Kreuz unsere eigene Seele benennt und definiert. Es gibt ein Bild, auf dem dargestellt ist, wie der Heilige Franziskus Jesus vom Kreuz nimmt und dabei mit ihm eins wird. In dem Augenblick, wo Jesus vom Kreuz kommt und ein Teil von uns wird, wissen wir, daß wir herauskommen und daß Gott hereinkommt. Dann kann die Wunde eine Heilige Wunde werden und uns in die große Geschichte führen, in die universelle Geschichte von Liebe und Tragik.

In der katholischen Messe steht ein Satz aus dem ersten Jahrhundert im Mittelpunkt: Der Priester sagt: »Das ist das Geheimnis unseres Glaubens«, und das Volk antwortet: »Jesus ist gestorben, er ist auferstanden und er wird wiederkommen.« Das ist auch die Wahrheit unseres Lebens: Die Hälfte der menschlichen Erfahrung wird immer tragisch sein, sich immer wie Kreuzigung, Ungerechtigkeit und Dummheit anfühlen. Wenn wir in dieses Geheimnis gelangen, dann gelangen wir in die *eine* Hälfte des Mysteriums Christi; nicht ins *ganze* Mysterium, denn danach heißt es ja: »Christus ist *auferstanden*!« Das bedeutet, die andere Hälfte des Lebens ist süß, lebenswert, gut, reich und schön. Das ist der auferstandene Christus in allem. Wir müssen Christus an beiden Orten erkennen, entdecken und willkommen heißen: im Sterben und im Auferstehen.

Dieses Muster wird sich immer wiederholen, es gibt keine Möglichkeit, ihm zu entgehen. Diese Erfahrung des sterbenden und auferstehenden Christus in unserem ganzen Leben und in der gesamten Wirklichkeit führt uns in das heilige Muster, das wir das »österliche Geheimnis« nennen. Die Wunde ist kein Unfall, kein Hindernis, sondern sie ist der Weg hindurch, und zwar der einzige Weg, der uns dazu bringt, daß wir uns selbst hingeben. Wenn die Wunde zur Heiligen Wunde geworden ist, dann – und nur dann – wird das *wahre Selbst* sichtbar. Das wahre Selbst weiß, wer es ist und was es zu tun hat, und es besitzt großartigerweise die Energie, es zu tun, egal wie hoch der Preis ist. Hier findet der Held seine wahre *Aufgabe*, seinen *Sinn*, seine *Berufung* und sein *Ziel*. Einfach gesagt: *Held ist, wer sein Leben für etwas hingibt, das größer ist als er selbst*. Er verfolgt ein Ziel und lebt nicht nur zum Spaß; aber dieses Etwas muß bedeutender sein als das eigene Leben.

Gegenüber der Möglichkeit, wahre Helden anzutreffen, sind wir sehr skeptisch geworden. Seine Schäfchen ins Trokkene zu bringen ist mittlerweile als Lebensstil dermaßen akzeptiert, daß wir meistens Helden mit Prominenten verwechseln. Wenn man heutzutage eine Million Mark verdient, ist man ein »Held«; verschenkt man sie, ist man ein Trottel. Indem wir die klassische Heldenreise für unsere Eigeninteressen mißbrauchen, setzen wir uns in Widerspruch zu fast allen Mythen, Legenden und Überlieferungen. Mit Sicherheit widerspricht das den Lehren von Jesus, Buddha, Abraham und allen Propheten. Das Leben eines Mannes hat keine universelle Bedeutsamkeit oder keinen transzendenten Sinn, wenn er nicht in einem echten Sinne etwas Großes vollbringen kann. Er ist getrennt von der »Liebe, die Sonne und Gestirn bewegt«, wie es Dante ausdrückte. In diesem Sinne ist sein Leben buchstäblich ein *Desaster*.[1]

Beim aufmerksamen Lesen spiritueller Geschichten wird man erkennen, daß es stets eine *Aufgabe innerhalb der Aufgabe*, einen Kampf neben dem Kampf gibt. Es genügt nicht, den Drachen zu töten, die Jungfrau zu retten oder auch am Kreuz zu sterben. Der wahre Held muß beim Drachentöten seinen Humor und seine Freiheit bewahren, er muß sein Innerstes finden, Freude entdecken und seinen Horizont erweitern! Da ist kein Raum für Banalitäten, Griesgrämigkeit oder Selbstmitleid, sonst ist man kein Held. Der mürrische Heilige ist überhaupt kein Heiliger. Unsere eigentlichen Dä-

---

[1] »Des-aster«, lat.: von den Sternen getrennt.

monen hausen still und heimlich in uns und offenbaren sich oft erst im Zenit der Lebensmitte als Stolz, Zynismus oder Selbstbezogenheit. Und das verdirbt die scheinbar gute Ernte des bisherigen Lebens. Ohne spirituelles Wachstum, und regelmäßige Umkehrprozesse gewinnen wir zwar allzu oft eine Reihe von Schlachten, verlieren aber letztendlich den Krieg. Es macht mich tieftraurig, wenn ich in meiner Arbeit pensionierten, verbitterten Bischöfen, unglücklichen, aber »erfolgreichen« Priestern oder grantigen alten Witwen begegne, die aller Welt die Schuld für ihre Einsamkeit geben. Es scheint, als hätten sie keinen Sancho Pansa als Begleiter gehabt bei ihrem verlorenem Kampf gegen Windmühlenflügel.

Auf den *letzten Stufen des Heldenmythos* geht es um das Thema *Wiederkehr.* Oft wird der Held am Ende des Heldenweges mit einem *Geschenk,* zum Beispiel dem heiligen Gral belohnt: *Don Quixote* sucht das »Brot, das besser ist als Weizen«. *Salomo* bekommt Weisheit, *Jason* das Goldene Vlies, und *Jesus* wird zum Spender des Geistes. Der Held erhält oftmals das »Ewig Weibliche« in Gestalt einer Jungfrau, Königin oder Prinzessin. Die heilige Hochzeit vollendet sich, wenn sie eins werden und fortan glücklich miteinander leben. Nun ist das Königreich gesund und fruchtbar, denn das Männliche und das Weibliche sind zu einer neuen Realität zusammengewachsen. Das Wichtige dabei ist jedoch, daß das Geschenk anderen zugute kommt. Der Gral dient nicht der Macht oder dem Prestige und ist kein Privatbesitz. Er wird immer zum Wohle der Gemeinschaft eingesetzt.

Ich traue mich kaum zu fragen, ob wir diese Stufe überhaupt noch begreifen. Viel zu oft erhitzen die Fußballergebnisse, politische Affären oder Surfen auf Lanzarote unsere Gemüter. Bisher ist noch jede Zivilisation untergegangen, in der sich die Älteren nicht verpflichtet sahen, Geistesfrüchte an die Jüngeren weiterzugeben. Sind wir nur egoistisch oder haben wir selbst die Geistesfrucht nie gefunden? Ich vermute, daß weitgehend letzteres zutrifft.

Die großen Helden sind niemals Einzelgänger. Unter ihnen gibt es keine Selfmade-Männer, die in Wildwest-Manier kräftig in der Stadt aufräumen und dann in den Sonnenuntergang davonreiten. In den Geschichten wird stets deutlich, daß Helden sich durch viele Begegnungen, Ratgeber und Umstände formen lassen müssen. Was die heidnischen Mythologien als *Schicksal* oder *Bestimmung* verstanden haben, interpretieren die christlichen Geschichten als *Gnade* oder *göttliche Vorsehung*. Doch in jedem Fall wird der Held durch seine spezifische Zeit, seine Kämpfe und insbesondere durch seine Feinde geformt und geschaffen. Er hat sich niemals selbst »gemacht«.

In den *Schlußkapiteln* der Geschichte kehrt der Held zu seiner Gemeinschaft *nach Hause zurück*. Mit seinen Gaben und Einsichten, die er gewonnen hat, verändert er das Leben der Daheimgebliebenen. *Odysseus* kehrt nach Ithaka zurück, die Heiligen stehen uns hier auf Erden bei, und Jesus sagt seinen Jüngern, daß sie ihn nicht im himmlischen Jerusalem wiedertreffen werden, sondern auf den staubigen Straßen Galiäas. Schließlich ist der Held gerade darum ein Held, weil er es versteht, sich wieder in die Gemeinschaft einzugliedern.

Von außen betrachtet sieht das erleuchtete Bewußtsein dem einfachen Bewußtsein verblüffend ähnlich. Die *zweite Naivität* wird von Uneingeweihten leicht mit der *ersten* verwechselt. Aussagen weiser und wilder Männer klingen für diejenigen simpel und irrelevant, die im komplexen Bewußtsein gefangen sind. Das Ende einer Heldenreise sieht aus wie der Anfang: »Und das Ende all unserer Erkundungen: Dort ankommen, wo wir losgegangen sind. Und diesen Ort das erste Mal kennen.«[2]

---

2 T. S. Eliot: »Little Gidding«, The Complete Poems and Plays. 1909–1950, New York, N. Y.: Harcourt Brace Jovanovich, Inc. 1971, S. 145.

MÄNNLICHE ARCHETYPEN –
VIER MASKEN DES MASKULINEN

»Vier Mächte wohnen in jedem Mann. Vollkommene Einheit gibt es nur durch die universelle Brüderlichkeit des Garten Eden.«
                            William Blake, Die Vier Zoas

Ich möchte vier Bilder aus Literatur und Mythologie vorstellen, in denen männliche Energie auf charakteristische Weise anschaulich wird. Diese vier Bilder kehren in jeder Epoche wieder. *Robert Moore*,[1] der wichtigste Forscher auf diesem Gebiet, hat nahezu alle zugänglichen Mythen und Heldengeschichten untersucht und herausgefunden, daß in diesen Geschichten immer wieder dieselben vier Charaktere auftreten: Es gibt immer einen *König* oder Führer, also eine Vaterfigur. Es gibt immer einen *Krieger*, immer einen *Liebhaber* und immer den *Magier*. Oft werden diese vier nicht in ihrer guten Seite dargestellt, sondern in ihrer dunklen Seite. In der *Starwars-Trilogie* von *George Lucas,* der bewußt und direkt auf diese Untersuchungen zurückgegriffen hat, finden wir zum Beispiel nur dunkle Väter und Könige. Es kommt aber ein guter Krieger, ein guter Magier und ein guter Liebhaber vor. Unglücklicherweise herrscht heutzutage im Westen die Grundannahme, daß es keine guten Könige gibt. Der Vater ist immer negativ besetzt. Eine etwas rauhe Formulierung im Englischen lautet: »Alle Männer sind Arschlöcher.« Es ist traurig, daß Männer, die Macht haben, immer als destruktiv gesehen werden.

---

[1] *Robert Moore, Douglas Gilette:* König, Krieger, Magier, Liebhaber. Die Stärken des Mannes. Kösel Verlag: München, 1992.

Zunächst möchte ich etwas über den Begriff *Archetypus* sagen: Der Schweizer Psychoanalytiker *Carl Gustav Jung* glaubte, daß wahre und tiefgreifende Veränderung von Menschen vorwiegend, wenn nicht ausschließlich, durch Berührung mit *Bildern* geschieht. Manche dieser Bilder haben eine geradezu »erleuchtende« Wirkung auf uns. Es ist wie bei einer Gotteserfahrung: Solche Bilder können uns gleichzeitig ängstigen und faszinieren – und zwar so stark, daß sie uns sogar zu Führern werden können, die darüber bestimmen, auf was wir achten – aber auch so stark, daß sie uns ihren Schattenseiten gegenüber blind machen können. Ein junger Mann, der beispielsweise in seinem Krieger-Archetyp gefangen ist, sieht alles durch die Brille des Gewinnens, der Muskeln, der Größe, der Macht und Dominanz. Das hat wenig mit Logik oder Erziehung zu tun; Warnungen vor Gewalt werden kaum fruchten; er ist gleichsam besessen von einem Gott (oder Dämon, je nach Sichtweise).

Solche archetypischen Faszinationen wären für mich nichts weiter als eine neue Psycho-Mode, wenn ich nicht die Macht von Geschichten, Ikonen, Biographien, Bildern, Filmen, berühmten Persönlichkeiten und Helden im Leben von Menschen gesehen hätte. Wir können predigen, reden und schreiben solange und soviel wir wollen; doch für mich ist es offensichtlich, daß Menschen von *Menschen* verändert werden. Bis vor kurzem war die AIDS-Epidemie für die meisten Amerikaner größtenteils weit weg und abstrakt. Dann bekannte *Magic Johnson,* der Basketballspieler, daß er infiziert ist, und das ganze Land ist seitdem in hellem Aufruhr vor Angst und Betroffenheit. Alle beschäftigen sich auf einmal mit dem, was manche als den Sargnagel der sexuellen Revolution bezeichnen. Das ist ein Beispiel für die geradezu imperiale Macht eines Archetypus. Ich kenne kaum jemanden, der durch abstrakte Theologie bekehrt wurde. Das Leben der Heiligen, die Begegnung mit einem Heiligen, die Gleichnisse der Evangelien und das Heldentum eines Menschen jedoch können uns blitzschnell – und für immer! – umkrempeln.

Archetypen stecken voller fruchtbarer Energie. Sie führen uns in einen »heiligen Raum«, in dem wir zum ersten Mal »sehen«. Wir begreifen und wissen, was zu tun ist, und in all dem Faszinosum entdecken wir obendrein die Energie, es zu tun. Wenn man sich in der Gewalt eines Archetypus befindet, hat man eine Vision und ein tiefes Gespür für seinen Lebenssinn, auch wenn er nur darin besteht, der beste Break-Dancer von Brooklyn zu werden! Heutzutage sprechen wir wahrscheinlich im selben Sinne davon, von einem Archetyp »besessen« zu sein, wie man im Altertum davon sprach, von einem *Dämon* besessen zu sein. Wenn man ihn verkennt und ihn nicht entweder respektiert oder austreibt, wird man sich wahrscheinlich übermäßig mit ihm identifizieren. Er packt einen! Der Archetyp muß als das gewürdigt werden, was er ist, nämlich ein Bild außerhalb unseres Selbsts, das uns zu Wachstum, Veränderung und Bewußtwerdung ruft. In seiner negativen Form kann er uns ebenso ins Verderben und in die Vernichtung rufen. Deshalb muß man die eigene Mitte kennen, die in jeder gesunden Religion reinigende und befreiende Macht besitzt.

Bei den zentralen männlichen Archetypen geht es immer um *Macht*[2]: In welcher Form ist Macht gut? Wie wird Macht erhalten? Wie wird sie aufgeteilt und wie kommt sie anderen zugute? Was ist spirituelle Macht und was ist selbstsüchtige Macht? Der *puer*, der uninitiierte Junge, ist durch seine Naivität bezüglich der Macht definiert. Er mißtraut ihr, und falls er ohne echte männliche Vorbilder großgeworden ist, wird er sie sogar hassen und keine Gelegenheit ungenutzt lassen, seine Verachtung gegenüber Macht und Autorität zu zeigen. Der *puer aeternus*, der ewige Knabe,

---

[2] Das englische Wort »power« kann im Deutschen sowohl *Macht* als auch *Kraft* bedeuten (Anm. d. Hrsg.).

wächst nie aus diesem Stadium heraus. Aus solchen Leuten besteht ein großer Teil der Menschheit. Die Ironie liegt darin, daß er selber Macht begehrt und anstrebt, allerdings in anderer und verschleierter Form.

Der Mann *muß* den positiven Aspekt der Macht kennenlernen. Ihn muß er würdigen, oder die Macht wird ihn unweigerlich zerstören. Man denke nur an die meisten griechischen Tragödien oder die Trauerspiele Shakespeares.

Weil wir unsere innere Arbeit nicht geleistet haben, weil wir unserer Geschichte keine Aufmerksamkeit geschenkt haben und die jungen Männer nicht eingeweiht haben, ist Macht in der westlichen Gesellschaft größtenteils außer Kontrolle geraten und allgemein in Verruf gekommen. Viele Frauen sind heute davon überzeugt, daß Patriachat (»die Herrschaft der Väter«) dasselbe ist wie Männlichkeit, und daß Männlichkeit stets Herrschaft, Krieg, Gier und Kontrolle bedeutet. Wir müssen ihnen und uns beweisen, daß Männlichkeit sehr wohl Macht und Kraft meint, aber eine Kraft zum Guten, eine Macht für andere, für das Leben, eine schöpferische Macht. Macht kann nicht an und für sich böse sein.

Eine Bezeichnung für den Heiligen Geist im Neuen Testament ist *dynamis:* Kraft, Macht. Alle Legenden und Mythen der Geschichte können nicht irren. Kleine Jungen werden ihre Begeisterung für Krieger nicht verlieren, nur weil es feministischen Müttern nicht gefällt oder Pazifisten dagegen Sturm laufen. Wie in den meisten anderen großen Weltreligionen müssen wir allerdings die Bedeutung des *spirituellen Kriegers* entdecken.

Nachdem all das gesagt ist, wollen wir diese vier göttlichen Männerbilder anschauen. Ich sage absichtlich »göttlich«, weil diese Gestalten etwas an sich haben, was uns öffnen kann für das Heilige, Transzendente oder zumindest für unser allertiefstes Selbst.

1. Der König

Der König ist einer der vier und gleichzeitig derjenige, der die anderen drei *zusammenhält*. Darum beginne ich mit ihm. Der König ist der Teil von uns, der sich nach Grund, nach Boden sehnt. Der König hält das Königreich zusammen. Je größer das Reich ist, das man in sich zusammenhalten kann, ein desto größerer König ist man. Wenn man nur ganz wenig Wahrheit zusammenhalten kann, ist man ein kleiner König. Wenn man sich nur unter anderen deutschen christlichen Männern wohlfühlt, dann ist man ein kleiner deutscher christlicher König. Wenn man jedoch andere Leute auch aushalten und mit ihnen einen Dialog führen kann, dann ist man ein etwas größerer König. *Jesus* nennen wir den *König der Könige,* weil er vom *Reich Gottes* sprach, das *alle Menschen* umfaßt. Meistens haben wir vor diesem Königreich Angst, weil wir selbst dort nicht König sein können, und weil wir dort vieles nicht kontrollieren und vereinen können.

Der König verkündet, was gilt und was wirklich ist, und er setzt die Grenzen des Reichs fest. Jeder junge Mann sucht nach einem König. Er sucht nach einem Vater, der ihm sagt, was »stimmt« und was gut ist. Wenn wir nie einen guten König erlebt haben, haben wir kein starkes Selbstbewußtsein und wissen nicht, wer wir sind.

Der König wird sehr oft mit dem *Buch des Gesetzes* dargestellt. Man sieht das auch auf vielen Christus-Ikonen. Das Gesetz ist das, was die Wirklichkeit definiert und benennt. Das sieht man zum Beispiel auch auf Bildern des *Heiligen Benedikt,* weil er eine *Vaterfigur* ist – nie jedoch bei *Franz von Assisi;* denn er ist nicht in erster Linie *König,* sondern *Liebhaber.*

Der König gibt dem Gebiet, das er beherrscht, *Ordnung* und *Frieden*. Allein durch seine Gegenwart fühlen sich die Menschen sicher und geborgen. Jemand, der in einen

Raum kommt und der Gruppe das Gefühl von *Sicherheit* und *Geborgenheit* geben kann, ist ein König. Wenn jemand in den Raum kommt, und alle werden unsicherer, dann ist das kein König.

Der König ist niemals willkürlich oder unberechenbar. Er ruht in sich und ist zuverlässig. Er ist verläßlich; wenn er etwas verändert, wird er erklären, warum er das tut. Oft muß der König gar nicht viel sagen, er muß nur da sein. In der Ikonographie wird er auf seinem Thron sitzend dargestellt, die Füße fest auf dem Boden, weil er gegründet ist. Er hat oft zwei Symbole in der Hand, das *Zepter* und die *Weltkugel*. Manche sagen, das symbolisiere den Penis und die Hoden. Wie auch immer: *Er hat die Macht* und hält sie in Händen, ohne sich dafür zu entschuldigen. Er weiß, daß er sie hat. Auf dem Kopf trägt er die *Krone*, das Symbol des Bewußtseins: *Er weiß*. Er lebt nicht im Unbewußten, sondern das Unbewußte ist bei ihm zu Bewußtsein gekommen.

Jemand hat kürzlich zu mir gesagt: »Ihr Amerikaner habt keinen König, das ist etwas typisch Europäisches.« Das stimmt, aber wir haben einen Präsidenten, und wir behandeln ihn wie einen König, weil die Seele einen König braucht. Die Engländer haben einen König oder eine Königin, weil er oder sie ihnen irgendwie sagt, wer sie sind. Es ist sehr wichtig, daß der König gesund und kreativ ist. Wenn er gesund ist, fühlen sich alle gesund, und wenn er krank ist, fühlen sich alle krank. Bevor Prinz Charles Diana geheiratet hat, mußten sich beide untersuchen lassen, ob er Kinder zeugen und sie welche kriegen konnte. Denn wenn der König unfruchtbar ist, ist das ganze Land unfruchtbar. Wenn der König impotent ist, ist das ganze Land impotent. Wir Menschen brauchen einen gesunden König. Die Aufgabe von Charles und Diana war es, einfach gesund zu sein; und sie haben es nicht geschafft. Darum sind die Engländer jetzt sehr entäuscht. Wenn das Königshaus nicht weiß, wie man gesund ist und miteinander lebt, wie können wir es dann?

Christus als König

Wahrscheinlich ist das in erster Linie die Rolle des Vaters in der Familie: Gar nicht so viel zu sagen, sondern einfach gesund zu sein an Leib und Seele, den Weg gemacht zu haben, und durch das bloße Dasein zu sagen: Es ist o.k. Das nenne ich gern die *Großvater-Energie*. Das ist der Grund, warum viele Leute ihren Großvater mehr lieben als ihren Vater. Denn Väter sind in der Regel noch keine Könige.

Man kann, wie Moore sagt, nicht einmal anfangen, ein König zu sein, bevor man nicht 50 ist. In den mittleren Jahren versucht man immer noch, seinen Weg zu finden und seine Erfahrungen zu begreifen. Es ist bemerkenswert, daß bei den indianischen Initiationsriten der Vater nie der Initiator ist. Zwischen dem Vater und dem Sohn gibt es viel zu viel Spannung, zu viele Bedürfnisse, zu viel Sehnsucht, zu viele Verletzungen. Normalerweise ist der Initiator ein älterer, nicht verwandter Mann. Das Christentum hat dafür das Patenamt geschaffen. Oft übernimmt bei uns auch ein Trainer oder Lehrer diese Rolle – oder ein Sergeant oder Leutnant beim Militär. Ich bin sicher, daß in den USA darum so viele junge Leute vom Militär fasziniert sind. Sie suchen nach einem Mann, der ihnen sagt, was Sache ist. Das Geheimnis ist natürlich, daß wir einen *weisen* König brauchen, der wirklich weiß, was Sache ist. Häufig jedoch suchen wir nur noch jemanden, der sich das *Image* eines Königs gibt, aber nicht unbedingt die Weisheit hat, die ein König braucht.

Der König ist ein durch und durch *religiöses Bild*. Darum haben sich Monarchien »von Gottes Gnaden« so lange gehalten. Der König hält die beiden Reiche zusammen, das göttliche und das menschliche. Die Engländer nennen ihre Monarchen immer noch »Verteidiger des Glaubens«. Es ist wichtig, daß der König glaubt, damit auch wir glauben können. Auch das ist oft die Rolle des Vaters in der Kleinfamilie. Wenn er in schlichter Weise glaubt, dann ist es für uns einfach, selber in schlichter Weise zu glauben. Glauben kann man nicht lehren, Glauben überträgt sich. Glaube vermittelt sich weniger rational als durch »Osmose«.

Dem Wesen des Königs und des Vaters entspricht die Fähigkeit, die Söhne zu *segnen*. Wir sehnen uns nach dem Segen unserer Vaterfiguren. Wenn er sagt: »Du bist gut«, dann bist du gut. Wenn der ältere Mann sagt: »Du hast es gut gemacht«, dann hast du es gut gemacht. So einfach ist das und so viel Kraft hat das! Wenn uns dieser Segen nie widerfahren ist, dann suchen wir überall danach und buhlen darum. Manchmal sind es nicht einmal Worte oder Gesten, sondern es reicht schon der Blick, das *Auge des Segens*, das auf uns ruht.

In *New Jerusalem* war es so, daß ich anfangs von 1000 Teenagern umgeben war. Nach und nach sind wir in ein Arbeiterviertel umgezogen und haben es instandgesetzt. Schließlich haben wir dort fast jedes dritte Haus bewohnt. Wenn ich die Straße hinuntergegangen bin und einige Leute dabei nicht gegrüßt oder angeschaut habe, weil ich in Gedanken abwesend war, habe ich am nächsten Tag festgestellt, daß die Leute dachten: »Richard mag mich nicht oder hat was gegen mich; er ist bestimmt sauer auf mich.« Dann sind sie zu mir ins Büro gekommen, um sich mit mir zu versöhnen. Ich habe gesagt: »Ich weiß gar nicht, daß da ein Problem ist.« Und die betreffende Person hat gesagt: »Du hast mich gestern nicht angeschaut; ich weiß, du hast was gegen mich!« Da habe ich gemerkt, daß es nicht um *meine* Augen ging, sondern sie waren immer noch auf der Suche nach den Augen *ihres Vaters*. Ich war erstaunt, wie stark dieser Segen war. Denn ich war damals selber ein junger Mann und glaubte nicht, daß ich so viel Macht hätte. Einer der Gründe, die mich in die Männerarbeit geführt haben, war, daß ich gemerkt habe, wieviele von uns den Vater und seinen Segen brauchen.

Der Vater sorgt dafür, daß »Männlichkeit« einen positiven Sinn bekommt. Er sagt, daß Männlichkeit mehr und etwas anderes ist als Machotum. Er sagt, daß Männlichkeit etwas Wertvolles tief in uns ist. Man kann das nur im Lauf der Zeit begreifen. Man kann das nicht in einem Tag, einer Woche, einem Monat oder einem Jahr lernen.

Eine andere Variante des Vater ist der *Mentor.* Mentor war der Mann, dem *Odysseus* seinen Sohn anvertraute, bevor er sich auf die Reise nach Troja machte. Er ist derjenige, der dem jungen Mann einen Spiegel vorhalten kann. Er hat es nicht nötig, daß der junge Mann seine Befürfnisse erfüllt, sondern er ist in der Lage, die Bedürfnisse des jungen Mannes zu erfüllen. Er hat einen Überschuß an Kraft. Wenn man überschüssige Kraft hat, hat man es nicht nötig, von anderen genährt zu werden, sondern kann vielmehr andere nähren. Es ist merkwürdig, daß wir immer nur Frauen und Mütter als diejenigen ansehen, die nähren – als ob Männer so wenig Nahrung zu geben hätten! Der Vater ist fruchtbar, weil er mehr Nahrung und Stärke zu geben hat, als er selber braucht. Wenn man die jungen Leute braucht, um sich beweihräuchern zu lassen, wenn man es nötig hat, angebetet zu werden, dann ist man kein guter König. Wer die Insignien der Autorität braucht, zum Beispiel Orden an der Uniform oder die Bischöfsmütze auf dem Kopf, um immer an die eigene Macht erinnert zu werden, der ist kein Vater. Wenn man echte Autorität hat, muß man niemandem sagen, daß man sie hat. Man braucht keine Statussymbole, um sich selbst oder andere zu überzeugen. Ich sage nicht, daß solche Symbole falsch sind, aber man braucht sie einfach nicht. Ab und zu kann man sich ja verkleiden, wenn einem das Spaß macht. Aber nehmt das bloß nicht zu ernst! Glaubt nicht daran!

Es muß irgend jemanden geben, der dem König sagt: »Glaub das nicht!« Das ist der Magier. Jeder König braucht einen Magier, der ihm sagt: »Du bist beschissen!« Wer so jemanden nicht hat, wird unweigerlich ein schlechter König. Für die, die verheiratet sind, ist es normalerweise die Ehefrau, die diese Rolle übernimmt. Wenn man nur König ist und keinen Magier, keinen Krieger und keinen Liebhaber bei sich hat, wird man zwangsläufig ein schlechter König. Man nennt einen solchen König *Knabenkönig* oder *Schattenkönig*. Er ist von der eigenen Macht fasziniert und wird schließlich zum *Tyrannen* oder *Diktator*. Der Tyrann muß sich selbst und andere ständig davon überzeugen, daß er Macht hat. Das ist jener falsche König, der in der westlichen Zivilisation vorherrscht, sowohl in der Kirche als auch in der Welt.

Wir sehen den dunklen König zum Beispiel in *Saul* im Alten Testament. Er fühlt sich bedroht vom jungen Mann, der kreativer ist und besser aussieht. *David* hat mehr Kraft als Saul, und darum will Saul ihn umbringen. Wir sehen schließlich, daß David tatsächlich mehr Vollmacht hat als Saul: David ist mit Saul in der Höhle und hat die Möglichkeit, ihn zu töten, aber er tut es nicht. Er verläßt die Höhle, dreht sich um und ruft: »Saul, ich war da!« Der gute König hat so viel Macht, daß er sie nicht gebrauchen muß. Der falsche König hat so wenig Macht, daß er sie immer benutzen muß. Wir sehen den falschen König auch in *Herodes* im Neuen Testament, der sich derart bedroht fühlt, daß er alle Jungen bis zum Alter von zwei Jahren töten muß. Das Bedürfnis des älteren Mannes, den jüngeren zu kastrieren, ist immer auf den falschen Königsarchetyp zurückzuführen.

Ich halte sehr viele Exerzitien für Priester in der ganzen Welt, und sehr oft kommt der junge Kaplan zu mir, um sich bei mir zu beschweren, daß ihn der alte Priester nicht predigen läßt, obwohl – oder besser *weil* – er besser predigt. Immer wenn wir das Bedürfnis haben, andere zu entmachten, sehen wir den falschen Königsarchetyp am Werk. Der gute König *segnet*, der schlechte König *flucht*. Er kann andere nicht segnen, weil er es selbst zu nötig hat, gesegnet zu werden. Er kann anderen keine Aufmerksamkeit schenken, weil er selbst zu viel Aufmerksamkeit braucht. Er ist aufge-

Der helle König: David verschont Saul

Der dunkle König: Herodes mordet die Kinder

blasen, er nimmt sich selbst zu wichtig. Im Grunde weiß er nicht, wie er zu anderen Beziehung haben soll – es sei denn, sie *brauchen* ihn.

Bevor wir das alles zu sehr nach außen projizieren, ist es besser, wir schauen es uns in uns selbst an. Wenn wir es nicht schaffen, uns aus jenem Raum zu entfernen, wo wir angebetet werden oder Bewunderung ernten, sind wir im falschen Königsarchetyp gefangen. Ich habe das oft bei mir selbst gesehen. Ich bin so daran gewöhnt, daß mir Leute zuhören und mir Fragen stellen. Wenn ich dann einmal irgendwo bin, wo mich niemand kennt, sagt prompt mein falscher König: »Was, ihr wißt nicht, wer ich bin? Habt ihr keine wichtigen theologischen Fragen, die ihr mir stellen wollt?« Denn dann würden sie wissen, wie bedeutend ich bin. Oft wenn ich in den USA rede, stehen die Leute auf, um zu applaudieren, und anschließend stehen sie Schlange, um mir zu danken. Bei jedem Dankeschön werde ich größer und größer, aber dann ist die 15. Person in der Schlange eine alte Dame mit blaugetöntem Haar, und die sagt: »Ich habe überhaupt nichts verstanden. Und ich finde sie beschissen!« Und ich würde ihr am liebsten sagen: »Wie können sie es wagen? Wissen sie nicht, wer ich bin? Wissen sie nicht, daß ich wichtige, bedeutungsvolle Dinge sage?« Diese Reaktionen offenbaren den dunklen König in mir. Wir brauchen solche blauhaarigen Damen in unserem Leben. Wie gesagt: Für die Verheirateten ist das oft die eigene Ehefrau.

Im Leben eines jeden Mannes gibt es Könige, die unsere Seelen geprägt haben: Gute oder schlechte Väter, Männer die uns ins Leben initiiert haben. Von ihnen haben wir gelernt, nicht durch Worte oder Gedanken, sondern durch Osmose: Wir ahmen unbewußt nach, was wir an unseren Vorbildern erlebt haben. Transformation der Seele geschieht fast ausschließlich durch *Bilder*, nicht durch *Gedanken*. Ich kann eine Idee von Männlichkeit haben; aber wenn ich nicht einen Mann treffe, der sie verkörpert, kann ich sie nicht leben und integrieren. Zuhause in *Albuquerque* habe ich sechs große Stellwände gemacht mit archetypischen Männerbildern, die ich fünf Jahre lang gesammelt habe. Bei Männertagungen schaffen wir einen »heiligen Raum«, indem wir diese Bilder im Kreis aufstellen. Ich bitte die Männer, während einer Zeit der Stille einfach diese Bilder auf sich wirken zu lassen und sich zu fragen: »Welches Bild fasziniert mich, welches bedroht mich, welches zieht mich an?« – und dann nachzuspüren, warum das so ist. Wahrscheinlich wissen es die meisten zwar nicht rational, aber auf einer tieferen Ebene ahnen oder wissen sie es.

Wenn ich auf solchen Tagungen die Männer bitte, miteinander über ihre Väter zu reden, kommen sie normalerweise nach dem Austausch zurück, und ihr emotionaler Level ist sehr niedrig. Da gibt es nicht viel Aufregendes. Dann sage ich: »Laßt uns Worte finden, um zu beschreiben, was ihr fühlt.« Die Worte, die sie finden, sind meist nicht ärgerlich, sondern fast immer Worte der Abwesenheit, Leere und Traurigkeit. Als ob sie sagen würden: »Ich weiß nicht, wer er ist, ich habe ihn nie gekannt – und er weiß nicht, wer ich bin. Da gibt es einen Riesenabstand, und wir kommen nicht zusammen!« Das ist die »vaterlose Gesellschaft«, in der es keine Seelenbilder gibt, denen wir vertrauen können.

Wenn es keine solchen Bilder in unserem Inneren gibt, ziehen dort Dämonen ein. Schließlich tragen wir am Ende nur noch negative Bilder von männlichen Autoritätsfiguren in uns – und damit gleichzeitig auch von unserer eigenen Männlichkeit: Männer sind eigentlich nicht gut. Frauen sind tugendhaft, aufbauend und freundlich; aber Männer eigentlich nicht. Das kann doch nicht wahr sein! Aber viele Männer glauben das! Wer nach Güte sucht, geht immer zur Frau. Und das geben wir natürlich an die nächste Generation junger Männer weiter.

Ich bin sicher, das ist einer der Gründe, warum so viele

Männer auf der Suche nach Gott sind. Wir suchen nach dem guten Vater. Wir sagen: »Da *muß* es doch einen geben!« In meinem Land wollen die Feministinnen nicht mehr zu Gott »Vater« sagen, weil sie nicht glauben können, daß hinter dem Wort »Vater« irgendeine positive Realität stehen könnte. Das *kann* nicht wahr sein! Mein geistlicher Vater *Franz von Assisi* hatte eine ganz schreckliche Beziehung zu seinem leiblichen Vater. Sein Vater hat ihn sein Leben lang abgelehnt und verflucht. Als Franz einmal nach Assisi kam, fürchtete er, er könnte seinen Vater auf der Straße treffen, und der könnte ihn wieder verfluchen. Darum bat er einen Bettler: »Wenn mein Vater kommt und mich wieder verflucht und mir Verwünschungen in das eine Ohr schreit, kannst du dann in mein anderes Ohr schreien: ›Du bist ein guter Junge?‹« Er brauchte einen *positiven Vater,* um den negativen zu kompensieren. Vielleicht war das ein sehr naiver Weg, aber in etwas raffinierterer Form tun wir das alle.

Haben Sie keine Zweifel, daß auch andere Männer zu *Ihnen* kommen werden, um bei Ihnen den Vater zu suchen! Männer, die Segen wollen und keinen Fluch. Wir müssen in große Tiefen hinabsteigen, um den Segen zu finden. Wenn wir in die Tiefe gehen, werden wir die Möglichkeit entdecken, auf dem eigenen Thron zu sitzen und zu wissen, wer wir in Gott sind. Das zeigt sich immer als ein Überschuß an Kraft. Diese Reise ist immer spiritueller Natur. Das ist genau der Punkt, wo die christliche Männerbewegung meines Erachtens *weiter* gekommen ist als die New-Age-Männerbewegung. Die New-Age-Männerbewegung weiß nicht wirklich, wie man über den König redet, weil der König seinem Wesen nach ein *heiliges Bild* ist. Er ist derjenige, der wirklich weiß, wer er ist, und der sich gerade deswegen nicht verteidigen muß, sondern sich hingeben kann.

2. Der Krieger

Das Wort »Krieger« ist für die meisten von uns negativ besetzt, zumindest wenn wir unter 50 sind. Für die Älteren hatte es einmal eine positive Bedeutung. In Deutschland hat sich das gleich nach dem Zweiten Weltkrieg verändert. Bei uns in den USA ist das erst nach dem Vietnamkrieg anders geworden, aber durch den Golfkrieg hat sich das abermals umgekehrt.

Der Krieger ist ein zwiespältiger, aber gerade darum ein umso wichtigerer Archetyp. Er wird nicht verschwinden, nur weil er uns nicht gefällt. Meine Hoffnung ist, die gute Seite des Kriegers vermitteln zu können. Denn ich bin zutiefst davon überzeugt, daß es eine solche gute Seite gibt. Ohne den Kriegeranteil in uns haben wir nicht die Fähigkeit, zu *unterscheiden* und zu *trennen*. Oft wird der Krieger mit dem *Schwert* dargestellt. Das Schwert hat nicht in erster Linie die Funktion zu töten, sondern zu scheiden: Sachthemen und Emotionen, Personen und Gefühle – und gerade so das *eigentliche* Thema, die Sache, um die es geht, herauszufinden. Ohne Krieger geht man in einem heillosen Mischmasch unter. Alles wird zusammengewürfelt, alles wird ein Brei. Der erste Aspekt des Kriegers ist also das *Schwert der Unterscheidung*.

Der Krieger ist der Teil von uns, der eine Zielrichtung braucht. Er braucht die Faszination für eine große Wahrheit. Alles andere wird angesichts dieser einen großen Wahrheit zweitrangig und bedeutungslos. Um dieser Sache willen kann der Krieger großen Mut und großes Durchhaltevermögen entwickeln. Er ist der Teil in uns, der die Fähigkeit hat, die Anstrengungen zu verdoppeln; er ist der Teil, der den Schmerz beinahe liebt. In allen jungen Männern steckt das Bedürfnis, sich abzuhärten. Ohne den Krieger ist man verloren und irrt hierhin und dorthin, weil man nicht den Mut hat, *eine* Richtung einzuschlagen. Der Krieger ist der Archetyp der *Selbstdisziplin*. Das alles ist im Krieg romantisch verklärt und für ein negatives Ziel mißbraucht worden.

Vor allem die östlichen Religionen haben das Wissen um den *Krieger für Gott* bewahrt. Er ist für das westliche Christentum so schwer zu verstehen, weil wir in den letzten 800 Jahren in erster Linie den dunklen Krieger erlebt haben. Die letzte Ausprägung des geistlichen Kriegers in Europa war der *mittelalterliche Ritter*. Der Schwur des Ritters bestand darin, die Armen zu verteidigen, Witwen und Waisen zu beschützen und für Gott und die Kirche einzutreten. Er mußte in der Nacht, bevor er zum Ritter geschlagen wurde, in der Kirche vor dem Allerheiligsten knien und beten. Der geistliche Ritter ist immer der, der sich *für die anderen* einsetzt und nicht für sich selbst. Jesus hat uns nicht gelehrt, wie wir *töten* sollen, sondern wie wir *sterben* können. Der dunkle Krieger stellt das alles auf den Kopf und vermeidet das Sterben. Der geistliche Krieger sieht dem eigenen Sterben ins Auge. *Dietrich Bonhoeffer* hat von der Kirche pausenlos diese geistliche Kriegsführung eingeklagt: Die Kirche darf nicht um ihre Selbsterhaltung kämpfen, sondern muß immer »für andere« dasein. Als Widerstandskämpfer gegen Hitler war er sich bewußt, daß ihn dieser Einsatz das Leben kosten würde.

Es gibt eine berühmte Geschichte von einem *Samurai* und einem *Mönch*. Der Samurai sagt: »Weißt du nicht, daß ich dich, ohne mit der Wimper zu zucken, mit diesem Schwert durchbohren kann?« Und der Mönch sagt: »Weißt du nicht, daß ich, ohne mit der Wimper zu zucken, zulassen kann, daß du mich durchbohrst?« Die Moral ist, daß der Mönch der *wahre* Samurai ist. Denn der Samurai ist dazu ausgebildet, seiner *Todesangst ins Gesicht zu sehen* – aber niemals zu töten, außer wenn es wirklich notwendig ist.

Wir verstehen das letztlich nicht mehr, weil wir die Tradition des spirituellen Kriegers verloren haben. Deswegen haben wir auch die klare und eindeutige Lehre Jesu über die Gewaltlosigkeit nicht verstanden. Der Bibelwissenschafler *Walter Wink* hat sinngemäß gesagt: Es ist offenkundig, daß Jesus Gewaltlosigkeit gelehrt und gewaltlos gelebt hat. Wer das bestreitet, hat von der Lehre Jesu nichts begriffen.[3] Vielleicht stimmt es ja, däß wir nichts von der Lehre Jesu verstanden haben! Um Jesus zu verstehen, müssen wir etwas vom *spirituellen* Krieger verstehen.

Um seines Zieles willen ist der Krieger bereit, andere gute Dinge zu opfern. *Paulus* beschreibt den Glauben als Kampf um einen unvergänglichen Siegespreis, um dessentwillen er alles andere hinter sich läßt (Phil. 3, 12 ff.) und sich gezieltem Verzicht unterwirft (1. Kor. 9, 24 ff.). Ähnlich hat *Scott Peck* in seinem Buch: »Der wunderbare Weg«[4] behauptet, daß der »Belohnungsaufschub« unverzichtbare Voraussetzung für authentisches spirituelles Wachstum ist. Der Krieger verfolgt sein Ziel konsequent, und deswegen erregt er auch immer den Verdacht, ein Fanatiker zu sein. Es ist nämlich schwer, einen Menschen zu finden, der ein *klares* Ziel hat – und trotzdem ein *weites* Herz. *Konservative* Leute sind vom Krieger eher angezogen, und *Progressive* hassen ihn. Denn der Progressive sucht immer nach *Weite*, und der Konservative sucht immer nach der *einen todsicheren Sache*. Die Kunst des wahren Kriegers ist, beides zusammenzubringen. Wenn du für alles offen bist, stehst du am Ende für nichts mehr gerade. Wie können wir beides tun?

In meinem Land gibt es eine neue »Religion«, die »Anti-Abtreibungs-Religion«. Das sind Leute aus vielen verschiedenen Konfessionen. Sie fühlen sich mittlerweile mehr miteinander verbunden als mit der Konfession, aus der sie kommen, denn sie haben ihr Thema gefunden, das ihnen

---

3 Vgl. Walter Wink: Angesichts des Feindes. Der dritte Weg Jesu in Südafrika und anderso, München: Claudius Verlag, 1988.
4 Gütersloh: Bertelsmann, 1989.

eine ungeheure Energie gibt und das Gefühl, recht zu haben. Das ruft den Krieger in ihnen wach, der ihnen versichert, sie seien unterwegs zu etwas Wichtigem. *Kardinal Bernardin* aus Chicago, der Vorsitzende der katholischen Bischofskonferenz in den USA, hat hingegen versucht, uns etwas zu lehren, was er eine »konsistente Ethik des Lebens« nennt. Die Anti-Abtreibungs-Leute hassen Kardinal Bernardin, weil er sagt: »Wir müssen gegen *alles* Töten eintreten, von der Wiege bis zur Bahre.« Er ist gegen Abtreibung, aber *zugleich* gegen die Todesstrafe, gegen Euthanasie und gegen den Krieg. Sie mögen ihn nicht, weil er ihren *einen* Fokus relativiert und ihn ihnen so wegnimmt. Wenn der Krieger seinen Fokus verliert, verliert er die Energie.

Der Schlüssel zum *guten Krieger* liegt darin, daß man eine Beziehung zu einem guten König hat. Man braucht eine Vertrauensbeziehung zu einem weisen König, der einem hilft, zu unterscheiden, welche Schlachten geschlagen werden müssen, und welche es nicht wert sind. Ich sehe das bei mir selber, je älter ich werde: Die jungen, eifernden Männer kommen mit ihren hohen Idealen zu mir, und vielleicht sage ich schon *zu* oft: »Das ist es nicht wert, das ist nicht das Thema. Warte noch ein bißchen!« Aber sie wollen nie warten. Sie wollen gleich aufs Schlachtfeld ziehen, mit welchem Thema auch immer. Und eigentlich hören sie einem gar nicht zu, weil sie sicher sind: Das *ist* das Thema. Ihr Bedürfnis ist einfach, ein junger Krieger zu sein. Erinnern wir uns: Die meisten Kriege sind von 18- und 19jährigen jungen Männern ausgetragen worden! Und in der Regel sind diese Kriege von nicht besonders weisen Königen geführt worden, die diesen Jünglingen eingeredet haben: »Diese Schlacht verdient es, für Gott und Vaterland geschlagen zu werden.«

Wenn der König also derjenige ist, der das Gebiet *absteckt*, indem er benennt, was wirklich ist, dann ist es die Aufgabe des Kriegers, sein Leben dafür einzusetzen, die *Grenzen zu beschützen*. Der Krieger steht an der Grenze mit dem

Schwert in der Hand. Der Teil von uns, der einen angemessenen *Sinn für Grenzen* hat, ist der Krieger in uns. Wenn man jung ist, kennt man beispielsweise den Unterschied zwischen Liebe und Lust noch nicht. Man sagt: »Ich liebe diese Frau« – aber eigentlich ist man bloß geil auf sie. Mit Hilfe des Kriegers kann man den Unterschied herausfinden: »Dies ist *Liebe* – und jenes ist *Lust*.« Ohne Kriegerenergie stellt man alles und jedes in den Dienst des Ego. Man ist nicht fähig, Abstand zu sich selbst zu finden. Wenn man nicht ein bestimmtes Maß an Angst oder Einsamkeit aushalten kann, wird man kein Krieger werden. Wenn es immer darum geht, möglichst schnell in seine Kuschelecke zurückzukehren, ist man kein Krieger. Der Krieger ist der Teil von uns, der gerne an einem heißen Sommertag in den Garten geht, um ein Loch zu graben, weil ein Loch gegraben werden muß, und der es genießt zu schwitzen. Sobald wir ans Bier denken, ist es aus mit dem Krieger. Der Krieger kann nicht ans Bier denken, sondern muß sein Loch graben. *Robert Bly* spricht vom modernen Softie, der das nicht mehr kann: Kein Fokus, kein Thema, kein Ziel, für das es sich einzusetzen lohnt, nichts ist es wert, dafür zu sterben, nichts ist da, wofür man bereit ist zu leiden. Nimm's leicht, take it easy! Der Kriegerteil in uns weiß, daß das nicht wahr ist. Wenn es keinen Teil in uns gibt, der das weiß, dann haben wir den Krieger in uns umgebracht. Und dann werden wir für die wirklich wichtigen Dinge im Leben keine Energie haben.

Der Krieger ist *loyal* gegenüber dem, was Loyalität verdient. Er braucht allerdings einen guten König, oder er muß seinen inneren König so weit entwickeln, daß er fähig ist, zu unterscheiden, was Loyalität und Treue verdient und was nicht. Normalerweise lernt der Krieger mit der Zeit, daß er nicht der erste und einzige sein muß, kein *John Wayne*, sondern daß er ein *Mitkämpfer* sein kann. Am Anfang versucht er immer, der einsame Held zu sein; aber dann lernt er, daß Macht geteilt werden muß. So lernt er, Teil der Gruppe zu sein. Dafür stehen in der Mythologie *König Artus* und die Ritter der Tafelrunde. Artus weiß um die Notwendigkeit der Allianz, der Gemeinschaft der Ritter.

Der Krieger in uns macht sich nichts vor im Blick auf das Böse oder die Feinde. Bei vielen heutigen Liberalen sieht man, daß sie naiv sind im Blick auf das Böse. Sie sagen einfach zu schnell: »Das ist doch alles gar nicht so schlimm.« Ich sage das, weil meine eigene Generation in den späten 6oer Jahren in Amerika die Hippies waren. Wir dachten so. Wir haben den Krieger abgelehnt, und dadurch ist eine ganze Generation von Leuten herangewachsen, die für nichts stehen außer für sich selbst, die nicht die Disziplin oder den Mut haben, etwas Gutes für die Welt oder für andere zu tun.

Mein Ordensvater *Franz von Assisi* war Ritter, bevor er bekehrt wurde. Er hat die Kriegerenergie umgewandelt und sie für Christus eingesetzt. *Ignatius von Loyola,* der Gründer des Jesuitenordens, hat dasselbe getan. Der Osten kennt die *Samurai,* die *Aikidokrieger* und dergleichen. Das ist einer der Gründe, warum so viele von uns im Westen vom Osten fasziniert sind: Wir spüren, daß sie etwas haben, was wir brauchen. Auch *Jesus* hatte das, aber wir haben diesen Teil Jesu vergessen. Der Krieger entschuldigt sich nicht dafür, daß er Macht hat. Aber er hat die Disziplin, zu lernen, wie man sie angemessen und moralisch einsetzt.

Überall, wo es den Krieger gibt, gibt es auch den *dunklen Krieger,* oder den *dunklen Ritter.* Der dunkle Krieger ist entweder *keinem* König untertan oder dient einem *schlechten* König. Er sieht sich oft selbst als die Quelle der Kraft. Sein gesamtes negatives Potential projiziert er auf andere. Deswegen ist der Krieger ohne den Magier gefährlich. Denn der Magier ist derjenige, der zum Krieger kommt und zu ihm sagt: »Du bist genau das, was du in anderen Menschen haßt!« Der Krieger ohne Selbsterkenntnis ist gefährlich und dumm. Der dunkle Krieger sieht menschliche Gefühle und insbesondere alles, was weiblich ist, oft als schwächlich an. Dem Weiblichen zu begegnen bedeutet, der Seele und dem Gefühl zu begegnen. Darum durften früher in Kriegszeiten junge Männer viele Tage vor der Schlacht keinen Sex haben. Ich werde in den USA nie eingeladen, Vorträge bei den *Marines* zu halten, der Elitetruppe der Armee; denn alles, was mit dem inneren Leben zu tun hat, würde für sie eine Bedrohung darstellen. Man muß dafür sorgen, daß diese Männer extravertiert bleiben, daß sie ein Ziel nur außerhalb von sich haben. Sobald sie sich mit sich selber beschäftigen würden, könnten sie zu echter Vernunft kommen. Um den dunklen Krieger in seinen Illusionen zu halten, muß er von seiner Sensibilität, von seinen Gefühlen, vom Weiblichen abgetrennt werden. Normalerweise gibt es bei der Armee auch keinen Unterricht in Literatur und Poesie. Selbst die Musik ist nicht sanft, sondern zackiges »Umtata«.

Um seine Energie zu kriegen, muß der Krieger einen Feind haben, auf den er seine Aggression richten kann. Gott sei Dank gibt es *Sport*! Der Sport ist die *Ritualisierung des Krieges*. Wir wüßten nicht, was wir mit dem vielen Testosteron in uns anfangen würden, wenn es keinen Sport gäbe. Er ist eine sichere, ritualisierte Form des Krieges. Man muß nur die Menschen in einem Stadion beobachten: Dieser Blick in ihren Augen, diese Intensität, als würde es alles bedeuten, ob diese Seite oder die andere gewinnt. Das ist der Krieger in uns. Das ist in Ordnung, aber es steht nicht für viel. Immerhin haben diese Leute ihren Fokus. Und wenn sie den einmal haben, wenn sie die Welt in die »Guten« und die »Bösen« unterteilen können, sind sie glücklich.

Wir müssen die Kriegerenergie für *geistliche Unterscheidung* verwenden, um die *Themen*, um die es in unserem Leben wirklich geht, zu finden, anstatt uns von *anderen Menschen* unterscheiden zu wollen – was der junge Krieger in der Regel tut.

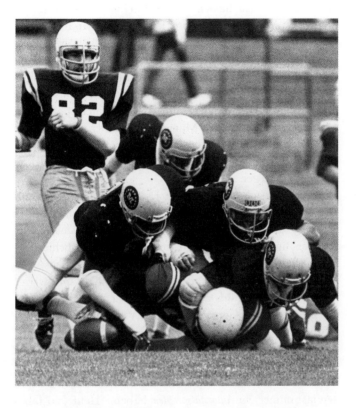

American Football: Sport als Ritualisierung des Krieges

Interessant ist heute, daß in dem Maße, wie wir Männer den Krieger abgelehnt haben, die *Frauen* ihn aufgegriffen haben. Der weibliche Archetyp des Kriegers ist die *Amazone*. Wenn unsere Mutter die Tendenz gehabt hat, jede Stärke in unserem Vater zu hassen und abzulehnen, oder wenn sie den Vater kastriert hat, dann haben auch wir tendenziell vor unserer eigenen Stärke und Kraft unendlich viel Angst. Du wirst denken, daß Macht immer schlecht ist. In Wirklichkeit ist das die ängstliche Mutter in uns. In der Männerarbeit reden wir gern vom *puer,* vom Knaben. Das ist der nichtinitiierte Mann, der seine Reise noch nicht angetreten hat. Er denkt immer, daß Macht böse ist. Der weise Krieger weiß, daß Macht auch etwas Gutes sein kann, und daß nicht jeder, der Macht hat, gleich Streit anfangen muß wie der junge Krieger.

Als ich noch Priester in *New Jerusalem* war, habe ich auf einer Frankreichreise *Jean Vanier* besucht. Jean Vanier ist der Gründer der *Arche-Kommunitäten,* das sind Lebensgemeinschaften, in denen geistig behinderte und nichtbehinderte Menschen zusammenleben. Er hat viel zum Thema Gemeinschaft geschrieben und ist ein sehr heiliger und weiser Mann. Wir haben uns ausgetauscht über unsere Erfahrungen als Leiter von Gemeinschaften. Er war damals für mich so etwas wie eine Vaterfigur. Er sagte: »Richard, du kannst davon ausgehen, daß die meisten Menschen, die sich im Westen einer Gemeinschaft anschließen, zwei Probleme haben: Sie werden fast immer eine *sexuelle Wunde,* und sie werden fast immer ein *Autoritätsproblem* haben.« Heute, 20 Jahre später, sage ich: Nicht die meisten Menschen, sondern *alle*. Und bis diese Probleme nicht *benannt* sind, können wir sie auch nicht überwinden. Das Autoritätsproblem kommt daher, daß der Krieger nicht integriert ist. Wir mißtrauen jeder Form von Macht in anderen Männern, weil wir unserer eigenen Macht nicht vertrauen.

Vielleicht kann uns das alles dazu führen, daß wir über

unseren eigenen inneren Krieger nachdenken und meditieren, über den Teil von uns, der sich seiner Macht so tief gewiß ist, daß wir die Freiheit haben, machtlos zu sein. Er hat sein Schwert, aber er kann es in der Scheide stecken lassen. *Gandhi* hat gesagt: »Nur sehr tapfere Menschen sind fähig, den Weg der Gewaltlosigkeit zu gehen.« Wer Angst davor hat, Macht auszuüben oder Gewalt anzuwenden, ist nicht in der Lage, den mutigen Weg der Gewaltlosigkeit zu gehen, den *Jesus, Gandhi* oder *Martin Luther King* gewagt haben.

3. Der Magier

Das Wort »Magier« klingt für manche Christen unangenehm; vielleicht weil wir das Gemeinte im Christentum unterdrückt haben, oder weil wir den Magier nur von seiner dunklen Seite kennen. Im zweiten Kapitel des Matthäusevangeliums ist von Magiern die Rede; aber weil Christen nichts damit anfangen können, daß Astrologen nach Bethlehem kommen, haben wir drei *Könige* aus ihnen gemacht und sie später im Kölner Dom begraben. Die christlichen Kirchen konnten mit Königen immer viel mehr anfangen als mit Magiern – obwohl fast alle Religionen das Priesteramt primär vom Urbild des Magiers her verstanden haben.

Der Magier ist der *Archetyp der inneren Wandlung*, der *Transformation*, derjenige, der die Seele versteht: er ist der Archetyp der *Weisheit* und des *Bewußtseins*. Wenn der Magier in einer Geschichte auftritt, dann gibt es immer schlechte Nachrichten, weil er dem Helden dessen dunkle Seite vorhält. Wir sehen das zum Beispiel im Alten Testament, wo der Prophet *Nathan* in die Geschichte Davids tritt (2. Sam 11). *David* ist der archetypische *Mann* schlechthin im Alten Testament. Er ist offensichtlich König, Krieger *und* Liebhaber. Aber er ist nicht so deutlich Magier. Bevor er nicht ja sagen kann zu Nathan, ist er nicht ganz. In *Jesus* sehen wir

Die Metamorphose der Astrologen in
die »Heiligen Drei Könige«

den *Sohn Davids*. Er bewegt sich ganz selbstverständlich zwischen den vier Archetypen hin und her. Das sage ich nicht, weil ich Christ bin, sondern weil das im Text des Neuen Testaments mit Händen zu greifen ist.

Der Magier ist vielgestaltiger als die anderen drei Typen. Darum ist es auch schwieriger, ihn zu beschreiben. Die niedrigste Form des Magiers ist der *Clown* oder *Gaukler*. In seiner höchsten Form ist der Magier der *Prophet*. Dazwischen haben wir den *Ältesten*, den *Weisen Alten*, den *geistlichen Führer*, den *Schamanen*, den *Beichtvater*, den *Zauberer*, den *Medizinmann* und den *Priester* (obwohl wir aus letzteren eher Könige gemacht haben). All das sind Formen des Magiers. Der Magier zwingt den mythischen Helden immer, dem ins Auge zu sehen, was er bisher verleugnet hat. Er hat die Erlaubnis zu sagen, daß der Kaiser keine Kleider anhat. Das wurde als so wesentlich angesehen, daß es im Mittelalter den *Hofnarren* als institutionalisierte Figur an der Seite des Königs gab. Dahinter steckte die Erkenntnis, daß es eine Person geben muß, die dem König sagen darf, daß er beschissen ist. Heute darf das keiner tun außer *Karikaturisten* und *Kabarettisten*, den »Hofnarren« unserer Gesellschaft. Deswegen kann die *Kunst* eine derart prophetische Rolle spielen.

Der Magier kann auch als *Jongleur* dargstellt werden, weil er immer mit Paradoxien und Gegensätzen spielt und sie in der Schwebe hält. Der Magier trägt fast immer ein *Gewand*, auf dem *Licht und Finsternis* zu sehen sind, dargestellt durch Sonne, Mond und Sterne. Es geht dabei nicht in erster Linie um Astrologie, sondern das ist ein Hinweis darauf, daß es noch eine andere Welt gibt. Es gibt mehr als das, was das Auge sehen kann. Es gibt eine tiefere Bedeutung der Dinge. Und deswegen bringt der Magier immer die Illusionen des Helden zum Platzen. Wenn es niemanden gibt, der unsere Illusionen zerstört, werden wir entweder Götzendiener oder Dummköpfe.

Orson Welles als Gaukler –
die niedrigste Form der Magie

Der Magier sorgt dafür, daß die Wirklichkeit *für uns* arbeitet, uns zwar sogar ihre negativen Teile. Ich erinnere mich noch, wie ich als kleiner Junge zur Beichte gegangen bin: Da gab es einige Priester, die einen fast glücklich gemacht haben, daß man gesündigt hat. Sie hatten die Gabe, die Sünde in eine Gnade zu verwandeln. Das ist der Magier.

Der Magier hilft uns, der zu werden, der wir wirklich sind. Er ermutigt uns, unseren Erfahrungen zu trauen, und er bietet Begriffe und Kategorien an, durch die wir unsere Erfahrungen verstehen und einordnen können. Er gibt uns einen Raum, wo wir so sein dürfen, wie wir sind und nicht so sein müssen, wie wir angeblich sein sollen. Er gibt uns die Erlaubnis, unseren Platz im Universum einzunehmen. Er schafft die Kosmologie mit Sonne, Mond und den Sternen, unter denen wir leben können.

Wenn man keinen Sinn für Paradoxien hat, kann man kein Magier sein. Der Magier sagt immer: »Sowohl – Als Auch« und niemals: »Entweder – Oder«. Man kann sehen, daß das westliche Christentum so rigide geworden ist, indem es den Magier verloren hat. Alles wurde »Entweder – Oder«. Es gab keinen Raum für »Sowohl – Als Auch«. Es gab keine Wertschätzung für das Unkraut *und* den Weizen und dafür, daß beide zusammen aufwachsen müssen. Der Magier ist jemand, der seinem eigenen Schatten begegnet ist, so wie Jesus in der Wüste. Wenn wir niemals unserer eigenen Fähigkeit zum Bösen ins Gesicht gesehen haben, wenn wir nicht erkannt haben, wie oft wir lügen, wie oft wir träge sind, wie oft wir überkritisch sind, wenn wir nicht darüber Schmerz und Reue empfinden, gelangen wir nie zum Magier in uns. Das ist das Paradox in uns selber. Wir müssen der Tatsache ins Auge sehen, daß wir selber ein Paradox sind. Das hat *Martin Luther* gemeint, als er davon sprach, daß wir *Sünder und Gerechte zugleich* sind. Ich bin totaler Sünder und *gleichzeitig* vollkommen gerecht. Wenn wir beides zugleich glauben können, ohne eines davon zu verleugnen, dann sind wir auf dem Weg zum Magier.

Man sieht das auch daran, wie sehr wir nach Vollkommenheit streben. Vollkommenheit ist für uns die Abwesenheit des Unvollkommenen. Indianer jedoch, die mehr als wir ganzheitlich denken, so wie Jesus dachte, verstehen Vollkommenheit anders: für sie meint Vollkommenheit die Integration des Unvollkommenen. Bei manchen Indianerstämmen muß in einem »vollkommenen« Teppich ein Fehler eingewebt sein. Denn zur Vollkommenheit gehört gerade die Bereitschaft, das Unvollkommene zu akzeptieren und anzunehmen. Darum geht es beim Magier.

Jesus ist ein klassischer Magier, besonders in der Bergpredigt und in seinen Gleichnissen. Dogmatiker und Exegeten wissen nicht, was sie damit anfangen sollen, weil man daraus kein Dogma machen kann. Deswegen ignorieren wir sie. Und darum suchen die Menschen heute die Gaben des Magiers leider nicht mehr bei den Klerikern und Theologen. Sie erwarten von uns keine Weisheit mehr, sondern nur noch Richtigkeiten. Deswegen wird heute der Mantel des Magiers von Therapeuten aller Art getragen.

Jesus ist viel mehr Magier oder Schamane als Theologe oder Prediger einer institutionalisierten Religion. Er benennt die Realität, er treibt die Dämonen und das Dunkle aus, er weist auf das Licht und feiert es. Das erklärt, warum wir heute so fasziniert sind von den Stammesreligionen der Indianer: Dort ist vieles viel klarer. Ich vermute – und das meine ich nicht antiprotestantisch –, daß es Protestanten noch viel schwerer haben, dorthin zurückzufinden. Die Katholiken haben wenigstens die Tradition der Sakramente und einen Sinn für Bilder und Symbole. Der Protestantismus kam auf, als damit sehr viel Mißbrauch getrieben wurde, aber er hat das Kind mit dem Bade ausgeschüttet. Das erklärt diese merkwürdige Faszination, die viele Protestanten für die katholische Kirche haben. Die protestantischen

Kirchen haben das Wort und das Buch auf den Thron gesetzt, da ist wenig Raum für Bilder und Symbole, für die Eucharistie und die Sakramente. *C. G. Jung* hat gesagt, die Träume seiner katholischen Klienten seien viel besser als die Träume von Protestanten. Natürlich haben wir Katholiken entsprechend einseitig das Wort abgelehnt: wir waren dem Wort nicht treu genug. Wir waren aufgeblasen durch unsere Symbole und haben unsere Gabe zu einseitig gebraucht. Die katholische Gabe ist die Bereitschaft, *immer* und *überall* für das Transzendente offen zu sein.

Wie alle Archetypen wird auch der Magier *gefährlich*, wenn man von ihm beherrscht wird. Wenn sich jemand als spirituellen Guru sieht, ist er gefährdet, aufgeblasen zu werden und sich selber über die übrigen Menschen zu erheben. Deswegen ist es ganz wichtig, daß jeder Seelsorger und geistliche Begleiter selbst einen Seelsorger hat, der ihm seine dunkle Seite zeigen kann. Im Ordensleben in der Vergangenheit war das immer notwendig. *Franz von Assisi* hat uns Franziskanern vorgeschrieben, daß wir nur wenige Jahre Ordensobere sein dürfen; danach müssen wir wieder normale Brüder werden. Ich habe den Bischöfen in den USA immer wieder gesagt, daß es sehr gefährlich ist, Bischof auf Lebenszeit zu sein. Nur sehr, sehr wenige können das gut machen. Irgendwann wird ihr Kopf zur Mitra, und sie haben keine Weisheit mehr, sondern nur noch Antworten.

Religiöse Menschen im landläufigen Sinn, davon bin ich überzeugt, meiden den Magier. Die meisten von uns, die in der Kirche aufgewachsen sind, wurden nicht gelehrt, das Leben einfach anzuschauen, wie es ist, sondern es permanent zu beurteilen. Alles wird kategorisiert in gut und böse. Man kann die Realität nicht so sein lassen, wie sie ist, und sie auf sich zukommen lassen. Alles wird kontrolliert, indem man es in Kategorien preßt. Ich hoffe, wir können das aufgeben. Urteilen ist eine Methode, um Kontrolle zu bekommen. Wir müssen lernen, einfach den Strom des Lebens anzusehen, und allmählich zu sehen, was er bedeutet. Natürlich beurteilt der Magier sehr vieles, er nennt ja gut und böse mit Namen. Aber das ist das *Ende* eines Prozesses, nicht der Anfang. Erst muß man alles anschauen, es sein lassen, wie es ist. Jemand, der ein starkes Bedürfnis hat, alles zu kontrollieren, kann das nicht.

Der Magier ohne den Liebhaber ist krank. Er lebt in abstrakten und abgespaltenen Ideen. Es ist eine besondere Gefährdung deutscher Akademiker und auch vieler Pfarrer, daß sie falsche Magier sind. Alles ist voller Ideen, aber es gibt kein liebevolles Engagement. Der Magier ist immer in der Gefahr des Gnostizismus, der Erkenntnis um ihrer selbst willen. Das gilt nicht nur für Konservative, sondern auch für Progressive. Auch sie folgen bestimmten Prinzipien und Ideen, auch wenn sie das leugnen. Immer wenn man meint, man könne durch Ideen die Welt retten, ist man falscher Magier. Der *dunkle Magier* ist in seine Ideen verliebt, aber nicht in die Menschen. Er benutzt seine Ideen, um Menschen zu manipulieren und zu kontrollieren – nicht um der Wahrheit willen. Er benutzt Ideen, um sich gedanklich oder spirituell überlegen zu fühlen. Er trägt das Kleid der Weisheit, als sei es selbstgeschneidert. Er akzeptiert die Projektionen, die Menschen auf ihn richten, als meinten sie wirklich ihn. Er glaubt sozusagen seiner eigenen Presse. Oft wird er irgendwann im Leben auf die Erde krachen wie *Ikarus* in der griechischen Sage, der zu nah an die Sonne fliegt, aber Wachsflügel hat.

Es ist kein Zufall, daß bei so vielen Geistlichen in den USA zur Zeit vielfältige sexuelle Verstrickungen ans Licht kommen. Denn sie bewegen sich in den Höhen falscher Geistigkeit, und müssen in die Materie zurückfallen. *Jimmy Swaggert,* der große moralische Fernsehprediger, geht zu einer Prostituierten! Man kann vorhersehen, daß so etwas passieren muß. Keiner sollte überrascht sein. Es ist wahrscheinlich für die Erlösung dieses Mannes notwendig, damit er endlich aus der Luft herunterkommt ins Fleisch. Aber wenn ihn das niemand lehrt, wird er auch dadurch nichts lernen. Der falsche Magier braucht nämlich selbst jemanden, der für ihn Magier ist.

Die Erfahrung des Göttlichen führt immer dazu, daß wir aufgeblasen werden. Deswegen ist Spiritualität so gefährlich. Schon der Apostel *Paulus* beklagt sich darüber, daß die Gemeindeglieder in Korinth besondere geistliche Erfahrungen und Erkenntnisse zur eigenen Überheblichkeit mißbrauchen. Wenn man zu schnell sagt: »Ich bin gerettet«, sieht man allzuoft keine Notwendigkeit, sich weiter zu bekehren. Dewegen verteilt Gott die Erfahrungen von Rettung und Gnade über eine ganze Lebenszeit. Es ist nicht so gut, einmal wiedergeboren zu sein: es ist besser, *immer und immer wieder* wiedergeboren zu werden.

Ich glaube, Kirche im besten Sinne wäre genau das: Ein Raum, in dem religiöse Erfahrungen möglich sind, und ein Raum, der uns davon abhält, in den Himmel abzuheben. *Robert Moore* sagt über die Vereinigten Staaten: »Unser Land ist eine einzige Start- und Landepiste für unidentifizierte Flugobjekte.« Da ist kein Sinn für Tradition oder Geschichte; man denkt, das Christentum sei 1960 in Amerika entstanden. Die europäische Versuchung hingegen ist natürlich, derart auf die Tradition fixiert zu sein, daß kein Kontakt mit dem Hier und Jetzt, kein realer Gegenwartsbezug zustandekommt. Beides kann falsches Magiertum sein.

Alle vier Archetypen sind *in* uns, nicht irgendwo *außerhalb* von uns. In uns ist bereits die Sehnsucht, ein weiser Mann zu sein, die Sehnsucht danach, die Innenwelt zu verstehen. Zugleich gibt es in uns die Versuchung, das alles zu mißbrauchen: nicht für Vereinigung, sondern für Macht und Kontrolle, nicht für Barmherzigkeit, sondern für Selbstgerechtigkeit.

Ein Teil der traurigen Geschichte des Christentums hat etwas mit falschen Magiern unter den Geistlichen zu tun.

Insbesondere gilt das für die katholischen zölibatären Kleriker, die keine Frau haben, die für sie Magier ist. Aber ich merke, die Protestanten können das auch ganz gut, selbst mit Frau. Ich bin in Deutschland immer wieder erstaunt, wieviele Bücher bei den evangelischen Pfarrern herumstehen: Alle vier Wände des Arbeitszimmers sind voller Bücher, und auf dem Boden stapeln sie sich auch noch. Das ist die Zauberkammer des Magiers.

Ich glaube, viele ChristInnen wissen überhaupt nicht, daß Christentum etwas mit Transformation, mit Wandlung zu tun hat. Sie denken, es hätte etwas mit Rechthaben zu tun. Man hätte die Wahrheit gepachtet und bräuchte nichts weiter zu tun. Der Magier jedoch erlaubt uns niemals, zufrieden zu sein. Wenn er in die Geschichte kommt, verzieht der Held das Gesicht und sagt: »Oh nein, nicht schon wieder. Ich will nicht schon wieder wachsen müssen. Ich bin es leid, mich zu verändern, ich bin doch schon wiedergeboren!« Aber der Magier läßt das nie gelten, und das ist gut so!

4. Der Liebhaber

Wenn der *König* der ist, *der sein Gebiet beherrscht,* der *Krieger* der, *der die Grenzen des Reiches verteidigt* und der *Magier* der, *der zeigt, wie man mit den Gegensätzen* innerhalb des Reiches *umgehen kann,* dann ist der *Liebhaber* derjenige, der dem ganzen *Geschmack und Schönheit verleiht* und es auf diese Weise *zusammenhält.* Ohne den Liebhaber ist das Leben nicht genießbar. Ohne den Liebhaber ist alles langweilig. Man hat nichts als Verpflichtungen und Zwänge, die man erfüllen muß. Der wahre Liebhaber ist nie gelangweilt.

Es ist merkwürdig, daß das Christentum Gott »die Liebe« nennt und Jesus als göttlichen Liebhaber und Bräutigam bezeichnet – aber in Wirklichkeit vor dem Archteyp des Liebhabers Angst hat. Denn der Liebhaber ist der, der zwangsläufig *Grenzen überschreitet und Regeln bricht*. Der Liebhaber in uns *sündigt*, und zwar *tapfer* – und bezahlt später den Preis dafür. Dieser Rhythmus ist sein Lehrer. Die Reise in die Ekstase und zurück in die Agonie ist ein guter Lehrmeister, wenn man nicht vorher ausbrennt – und viele brennen leider aus. Darum braucht man einen guten König, und man muß den Krieger entwickeln, der ein paar Grenzen markiert, bevor es zu spät ist.

Rockstars sind das Bild für den *wildgewordenen Liebhaber*, und Rockkonzerte sind die Gottesdienste der Liebhaber. Alles ist Exzess. Der Liebhaber in uns möchte alles kosten und an allem schlecken. Das Symbol des Liebhabers ist der *Kuß*. Das andere Symbol des Liebhabers ist der *Garten*. Damit fängt die Bibel an! Sie fängt mit dem Garten der Lüste an, wo wir nackt sind und uns nicht schämen. Der Liebhaber in uns ist *schamlos*. Er ist derjenige, der sich *darstellt*. Wenn man erst in den Kopf geht, um sich unter Kontrolle zu bringen, bleibt der Liebhaber auf der Strecke. Wenn man nachdenken muß, bevor man frei und wild tanzen kann, dann kann man überhaupt nicht tanzen. Das muß aus dem Bauch kommen. Im Garten Eden sind Adam und Eva unmittelbar vereint miteinander, mit Gott, mit den Tieren und Pflanzen, mit allem. Der Liebhaber ist frei, sich Zeit zu nehmen, sein Körper ist frei. Das Christentum hat vor dem Liebhaber Angst, weil er mit dem *Chaos* assoziiert wird; und das Chaos wird in der Mythologie immer mit dem Weiblichen in Verbindung gebracht, mit der *Materie*. Materie kommt von »mater«, dem lateinischen Wort für »Mutter«. Der Mann hat ständig Angst, sich in diesem Garten der Lüste selbst zu verlieren.

Junge Männer würden am liebsten früh, mittags und abends Sex haben. Darum muß man einige Grenzen aufrichten, damit das einen nicht überwältigt und völlig fixiert. Hier gibt es eine schöpferische Spannung zwischen dem Liebhaber und dem Krieger. Es gibt heute viele Leute, die sich ganz dem Liebhaber in sich überlassen haben, und die zerstört worden sind, weil sie keinen Krieger und keinen König in sich hatten: *Jim Morrison* zum Beispiel, *John Lennon* oder *Rudolf Nurijew;* in der Vergangenheit waren es Leute wie *Casanova* und wahrscheinlich auch *Vincent van Gogh.* In der Antike war *Dionysos* das Symbol für den exzessiven Liebhaber.

Der *Hinduismus* hat weniger Angst vor dem Liebhaber als das Christentum. Wenn man in einen Hindutempel geht, sieht die Ausstattung für unsere Begriffe pornographisch aus: Die Wasserspender sind Penisse und überall im Tempel sieht man Bilder von Göttern und Göttinnen, die miteinander Sex haben. Die Menschheit wurde nach der Hindu-Mythologie geschaffen, indem der Schöpfergott masturbierte. Das ist für Christen schockierend – aber nicht für den Liebhaber. Er versteht das.

Die meisten westlichen Christen haben sich für zwei Dinge geschämt: für *körperlichen Genuß* und für *Enthusiasmus.* Bei kleinen Kindern sieht man diesen freien Enthusiasmus. Der *Anti-Liebhaber* versucht immer, jeden Enthusiasmus zu unterbinden, weil das »naiv« sei. Wenn ich als Student im Priesterseminar zu meinem Professor mit einer neuen theologischen Idee kam, von der ich ganz begeistert war, dann tat er das meist ganz schnell ab. Der Satz begann immer: »Das ist doch *nur* ...«. Oder er sagte: »Das ist Häresie« oder: »Das ist protestantisch.« Damit hatte er wieder die Kontrolle, dieser falsche Magier! Der falsche Magier haßt die Begeisterung.

Der Teil von uns, der sich der Begeisterung schämt, ist der Teil, der den Liebhaber zerstört. Der Teil, der sich körperlicher Genüsse schämt, ist der Anti-Liebhaber. Der Liebhaber in uns rechnet damit, überrascht zu werden und etwas Gutes und Sinnvolles zu finden. Er kann staunen. Er ist der ewige Knabe, der *puer aeternus,* der alles mit leuchtenden Kinderaugen ansieht. Wenn die Augen matt werden,

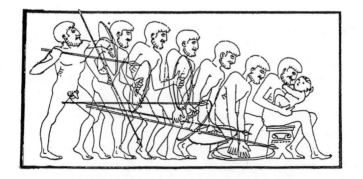

Der Weg vom Krieger zum Liebhaber

weil man nichts mehr erwartet, ist der Liebhaber verloren gegangen. Ohne den Liebhaber dienen die anderen drei Archetypen immer dem Tod. Der König ist dann nur noch zum Kontrollieren da und nicht zum Zeugen neuen Lebens; der Magier lebt dann nur noch in der Überlegenheit seines Wissens, aber er dient niemandem damit; und der Krieger zerstört nur noch, aber er beschützt niemanden mehr.

Der Liebhaber in uns ist der Teil von uns, der das *Risiko* eingeht, süchtig und abhängig zu werden. Wenn man ein Leben lang distanziert bleibt, weil man weiß, daß man leiden wird, wenn man sich abhängig macht, ist man kein Liebhaber. Der Liebhaber hat keine Angst davor, dieses Leid auf sich zu nehmen.

In allen Mythen und Dichtungen, in allen Dramen und Opern geht es immer um *Liebe* und *Tod*. Wenn es nicht um Liebe und Tod geht, ist das Stück schlecht. Der Liebhaber weiß, daß die Liebe immer eine tragische Seite hat. Die moderne Vorstellung von romantischer Liebe ist eine Illusion: Junge trifft Mädchen, Barbie trifft Ken, und sie leben für immer glücklich und haben eins komma acht Kinder, wie es sich für die durchschnittliche Kleinfamilie gehört. Die Literatur hat immer gewußt: Wenn du liebst, dann leidest du.

Wenn das Leiden kommt, und du bist nicht bereit, es anzunehmen, dann verfällst du der *dunklen Seite des Liebhabers*. Das ist der *Süchtige*. Wenn man den Saft und die Freude des Lebens nicht in Freiheit genießen kann, dann braucht man irgendeine Ersatzbefriedigung: schnellen, leichten Sex oder hektischen Aktivismus; man sucht ständig nach elektrisierenden Erlebnissen. Was kann ich heute erleben? Das ist aber kein echtes Leben, wie man früher oder später feststellen wird, sondern nur Selbst-Stimulierung. So entsteht *Sucht*.

Alkohol- und Drogenprobleme sind bei Liebhabern weit verbreitet. Jemand hat einen Moment lang gesehen: Das Leben könnte Vereinigung sein, es könnte ein schöner Garten sein! Wenn er merkt, daß das nicht festgehalten werden kann, ist er überrascht und enttäuscht. Den Schmerz darüber kann er nicht ertragen – es sei denn, es hat zuvor diese schmerzliche Beschneidung gegeben, die ihn gelehrt hat, daß das Leben auch *Schmerz* ist. Im Westen gibt es viele enttäusche Liebhaber, und wir sind zur süchtigen Gesellschaft geworden, weil uns das niemand gelehrt hat. Nirgendwo sonst wird der Mechanismus der Sucht treffender beschrieben, der uns individuell und kollektiv gefangen hält, als in dem Buch: »Sehnsucht, Sucht und Gnade« von *Gerald May*[5]. Wir müssen alles besitzen, alles kaufen. Franziskus hat gesagt: »Die ganze Welt ist meine Klosterzelle. Ich brauche nichts.« Er hatte alles. Das gab ihm genug Freude, die Dinge einfach anzusehen. Er mußte sie nicht kaufen, nach Hause tragen und ins Wohnzimmer stellen. Darum hält jede große Religion die Armut und den armen Menschen hoch. Wir brauchen diese vielen Sachen nicht.

An diesem Punkt sind wir fast alle verwundet und verunsichert, weil unsere ersten Liebesaffären Affären mit »magischen Liebhabern« waren, nämlich mit Mutter und Vater, die, als wir klein waren, sofort kamen und sich um uns gekümmert haben, wenn wir nur mit dem Finger geschnippt haben. Ein Teil von uns wünscht sich für immer die Mutterbrust. Als Erwachsene verlangen wir weiterhin diese sofortige Befriedigung, die uns füttert, nährt, den Schmerz wegnimmt und bewirkt, daß wir uns wohlfühlen. Wir wollen auf ewig den magischen Liebhaber haben. Den gibt es aber nie wieder. Manche Männer heiraten dann ihre Mutter, eine Frau, die genauso ist, die sie nährt und verwöhnt, die ihnen erlaubt, für immer ein kleiner Junge zu bleiben. Aber das funktioniert nicht. Deshalb gehen sie durchs Leben und sind schrecklich enttäuscht und verletzt. Wo ist Mama, wo ist Papa? Diese Suche hört nie auf, und ich hoffe sie wird

---

5 München: Claudius Verlag, 1993.

schließlich zur Suche nach Gott. »Jede Liebe dieser Welt wird uns enttäuschen«, sagt *Katharina von Siena*. Wir werden in dieser Welt nie ganz glücklich sein. Jede menschliche Liebe wird, ja muß uns enttäuschen. Muß! Wir gehen durchs Leben mit falschen Erwartungen – und deshalb mit unnötigen Verletzungen. So sieht das auch die buddhistische Philosophie: »Die Quelle allen Leidens ist unser Begehren.« Hört auf damit! Das klingt für uns ziemlich seltsam. Aber es entspricht dem neunten und zehnten Gebot der Bibel: *»Du sollst nicht begehren! Du sollst nicht begehren deines Nächsten Haus und deines Nächsten Frau und alles was sein ist!«* Über diese Gebote wird bezeichnenderweise fast nie gepredigt. Warum? Weil das Begehren die kapitalistische Grundtugend ist. Wir haben eine ganze Gesellschaftsordnung auf den Ungehorsam gegen dieses Gebot aufgebaut. Wir begehren alles und nennen das die »Gesetze des Marktes«. Unser System würde überhaupt nicht funktionieren, wenn wir diesen Geboten gehorsam wären. Sie sind nicht nur buddhistisch, sondern zutiefst in der jüdisch-christlichen Tradition verankert. Hört auf mit all dem Begehren, sondern beginnt mit der großen Sehnsucht nach Gott!

Der Liebhaberteil ist der Teil, der *genießen* kann. Seine höchste Form ist der *Kontemplative*, der ohne jede äußerliche Stimulation genießen kann. Alles ist schön; sogar ein Blatt an einem Baum genügt, ihn glücklich zu machen; denn der Komtemplative »blickt hindurch«, er hat die Quelle der Freude gefunden. Er hat den Frieden gefunden, den die Welt weder geben noch nehmen kann. Er braucht keine laute Musik, um sich zu freuen. Er braucht sich nicht in Stimmung bringen; er kann sich sogar *unter*stimulieren – und dennoch ist alles schön. Jesus geht in die Wüste und hört dort immer noch, daß er der geliebte Sohn ist.

Der Liebhaber ist jemand, der ganz in der Gegenwart, im Hier und Jetzt lebt. Die Gegenwart ist alles, was er hat; und er genießt sie. Sie ist eine kontemplative Präsenz. Hier ist alles, was ich brauche. Warum soll ich mir ständig voraus sein und mich um die Zukunft sorgen? Er ist der Gegenwart-Genießer, der den göttlichen Nektar aus allem saugt, was ist.

Das erste Mal, als ich fähig war, ohne einen ersichtlichen Grund ungehemmt zu weinen, war, als ich 30 Tage in einer Einsiedelei verbracht habe. Inmitten von so viel Stille ist alles so durchscheinend und so schön, aber auch so traurig; man will es küssen und zugleich darüber weinen, und man weiß nicht, welches Gefühl stärker ist. Das war gewiß der Liebhaber-Archetyp in mir, der das bewirkt hat.

Wer nicht in Stille allein mit sich sein kann, bei dem bezweifle ich, daß er ein Liebhaber ist. Wen die Vorstellung, zwei Stunden lang alleine sein zu müssen, zu Tode erschreckt, der braucht gerade das dringend. Denn er hat Angst davor, die Erfahrung zu machen, daß zwei Stunden Ruhe zuviel sein könnten, daß es in dieser Zeit nicht genug zu genießen, zu schmecken und zu sehen geben könnte. Der Anti-Liebhaber kann nicht allein sein.

Der Liebhaber in uns sucht das Gute, Wahre und Schöne; und er kann es um seiner selbst willen genießen. Das ist die Fähigkeit, sich an allen Dingen zu freuen, und zwar nicht weil sie mir etwas bringen, sondern einfach, weil sie *da sind*. Manchmal, wenn wir merken, daß wir lächeln, wenn wir irgend etwas ansehen, dann ist das der Liebhaber in uns. Wir betrachten ein kleines Tier und sind glücklich, nur weil es da ist. Warum hat Gott dieses putzige Tier gemacht? Es ist einfach da, gratis, ohne notwendig zu sein. Und gerade deswegen ist es wundervoll. Der Liebhaber muß Wege finden, das auszudrücken. Er muß komponieren, Musik machen, tanzen, dichten, küssen und lecken.

Er kann sogar hingehen und einen Baum küssen. Man hat mir gesagt, die Deutschen hätten eine archetypische, sehr tiefe Beziehung zu *Bäumen*. Und dann kommt dieser *Heilige Bonifatius* und fällt den heiligen Baum! Das ist typisch! Das Christentum hat gedacht, es könne seine eigenen, instinktiven Wurzeln abhacken. Einer der Gründe, warum die *Indianer* in *New Mexico* die Franziskaner so gern haben, ist, daß die ersten Missionare, die dorthin kamen, Franziskaner waren, die sehr weise vorgegangen sind. Sie haben ihnen nämlich gesagt: »Ihr könnt gleichzeitig eure indianische Religion behalten und katholisch sein.« Bis heute sagen die Indianer: »Wir sind indianisch und katholisch.« Das meine ich, wenn ich sage, Seele *und* Körper müssen Gefäße sein, um den Geist zu empfangen.

Die Aufgabe des Liebhabers ist *Seelenarbeit* und *Körperarbeit*. Der Liebhaber kann nicht *gedacht* werden. Er muß gelebt, erfahren und gefühlt werden. Wenn man zu gebildet ist oder zu früh ver-bildet wurde, scheint es sehr schwierig zu sein, zum Liebhaber zu werden. Das ist wohl der Grund, warum Jesus *Fischer* und keine *Theologen* berufen hat. Arbeitern, die instinktiv und aus dem Bauch heraus leben, fällt es viel leichter, Liebhaber zu sein, als Akademikern.

Ich erinnere mich an einen jungen Mann aus *New Jerusalem*. Als er mit sieben Jahren onaniert hat, wurde er von seiner Mutter überrascht, und sie hat gesagt: »Wenn du das noch einmal machst, dann schneide ich ihn dir ab!« Und dann hatte er eine schreckliche Ehe, weil er so viel Angst hatte um seinen Penis und immer fürchtete, daß sie ihn abschneidet. Er hat einen riesigen Deckel über den natürlichen Strom des Eros gestülpt. Viele von uns haben das getan. Wir haben einen Deckel auf unsere Lust, Freude und Begeisterung getan.

Der Liebhaber muß lernen, bewußt zu lieben; er muß beschließen, lieben zu lernen; er muß lieben wollen. Liebe passiert nicht von selbst, sie fällt nicht einfach vom Baum. Liebe ist eine Kunst. Sie muß eingeübt werden, man muß sich ihr anvertrauen. Liebe ist ein Entschluß: »Ich will lieben, auch wenn die Liebe mir im Moment nichts erkennbares bringt.« Die Liebe muß konkret werden, spezifisch, sie muß irgendwo wohnen. Sonst wird sie zu luftig, metaphysisch und abgehoben. Das ist die Gefahr, wenn man zölibatär lebt. Man liebt die Menschheit, aber niemanden konkret. Der härtere Weg ist der Weg der Ehe. Man hat uns, als wir in den Orden eingetreten sind, gesagt, wir würden den schwereren Weg gehen; aber das glaube ich keine Minute lang. Der härtere Weg ist der Weg der Heirat, der Treue, des Dabeibleibens. Da muß man sich immer wieder fragen: »Wozu fordert mich diese Beziehung *jetzt* heraus?« – damit wir am Ende unseres Lebens wissen, wie man liebt.

Es geht darum, das Gute im anderen zu suchen – jenseits des eigenen Selbsts. Der falsche Liebhaber will nichts davon wissen. Er will nur im Schnellverfahren ein gutes Gefühl bekommen, ohne sich hinzugeben und ohne den Preis für die Vereinigung zu zahlen. Das ist immer eine Pseudo-Vereinigung. Dadurch wächst man nicht.

* * *

Jetzt sind alle vier Archetypen beschrieben. Jeder von uns nimmt bei einem bestimmten Archetyp seinen Ausgangspunkt. Dann gibt es einen zweiten, den man im Lauf der Zeit integriert. Man kann seine Persönlichkeit oft durch zwei Archetypen beschreiben: »Ich bin ein Liebhaber-Magier, oder ein Krieger-König.« Wenn man wächst, dann kommt irgendwann ein dritter dazu – *falls* man wächst! Die meisten Leute bleiben einfach ihr ganzes Leben lang in ihrem Ausgangspunkt stecken. Und wenn nur *ein* Archetyp entwickelt ist, wird er sich immer zur dunklen Seite hinbewegen. Der eigentliche *Schlüssel* aber ist immer der vierte, »inferiore« Archetyp: derjenige, der mir am fernsten ist. Es gibt immer einen, gegen den ich am meisten Widerstand empfinde. In *Albuquerque*, wo ich Gefängnisseelsorger bin, erzähle ich den Männern im Knast von diesen vier Charakteren, und sie sind begeistert davon. Ich lasse sie häufig Bilder der vier Typen zeichnen. Bezeichnenderweise haben sie immer damit Schwierigkeiten, den König darzustellen. Sie sagen: »Ich weiß nicht, wie der König ist, was soll ich da malen?« Keiner von ihnen hatte einen Vater; sie haben niemals einen Mann erlebt, der ein großes Maß an Wirklichkeit zusammenhalten kann. Sie haben oft nur schlechte Autorität erlebt.

Suchen Sie denjenigen dieser Archetypen, den Sie am *wenigsten* verstehen, der am weitesten entfernt ist von Ihnen! Oft wird das Ihr »Nathan« sein, der sagt: »*Du* bist der Mann!« Und der ist oftmals der Schlüssel zur eigenen *Bekehrung*.

DER KÖRPER –
MIKROKOSMOS DER GANZHEIT

Wir haben die *Seele* vernachlässigt, aber wir haben den *Körper* abgelehnt. Leider wurde der Körper immer nur als Gefängnis der Seele angesehen. Und wer mag schon ein Gefängnis! Vielleicht sollten wir die Seele nicht in erster Linie im Körper sehen und auch nicht den Geist im Körper, sondern viel mehr unseren Körper als Mikrokosmos einer viel größeren Seele und eines viel größeren Geistes. Es ist interessant, daß wir früher im Glaubensbekenntnis gesagt haben: »Wir glauben an die Auferstehung des *Fleisches*.« Wenn wir die Eucharistie austeilen, dann sagen wir nicht: »der Geist Christi«: sondern »der *Leib Christi*«. Seit 2000 Jahren schlägt sich das Christentum mit dem Ärgernis herum, daß sich Gott in einem konkreten, geschichtlichen Menschen verkörpert hat. Wir sind die einzige Weltreligion, die glaubt, daß Gott Fleisch wurde. Man sollte also meinen, wenn es eine Religion gibt, die eine positive Einstellung zum Körper hat, dann müßte das das Christentum sein.

Vor vielen Jahren habe ich für eine amerikanische Zeitschrift einen Artikel über Sexualität geschrieben. Da habe ich gesagt: »Wenn ich der Teufel wäre und das Christentum zerstören wollte, dann würde ich die Christen dazu bringen, ihre Körper zu hassen und zu fürchten.« Denn offensichtlich ist ja die materielle Welt der Ort der Begegnung mit dem Göttlichen. Und trotzdem ist dies ein Ärgernis; und es enttäuscht uns sogar, daß es so sein könnte. Wir würden viel lieber in den Himmel auffahren, als Gott ins Fleisch kommen zu lassen.

Die meisten Körper tragen in sich und an sich eine Geschichte von Schuld und Scham und von internalisiertem Selbsthaß. Jeder gute Physiotherapeut kann bestätigen, daß bestimmte Stellen des Körpers bestimmte Schmerzen aufnehmen und an sich tragen. Wir können mit dem Kopf und mit dem Mund lügen – aber unser Körper sagt immer die Wahrheit. Der Körper trägt den Schmerz von vergangener Ablehnung, von vergangenem Verrat und von vergangenem Mißbrauch, verbaler, sexueller und emotionaler Art.

Bei Jesus sehen wir oft, wie er Menschen *berührt*, bevor er mit ihnen redet. Diese Berührung scheint ein besonderer Zugang zu ihrer Welt und zu ihrem Schmerz zu sein. Oft hat ihn das in die Gemeinschaft mit den Aussätzigen gebracht und ihn damit von der bürgerlichen Gesellschaft ausgeschlossen. Immer berührt Jesus die Menschen. Er nimmt die Kinder in den Arm – und die Leute sind schockiert. Es gibt die berühmte Geschichte, wo eine Frau in die Versammlung der Männer kommt, Jesus berührt und seine Füße salbt und wäscht. Offensichtlich war das für Jesus eine so heilsame Erfahrung, daß er es wenig später an seinen eigenen Jüngern wiederholt hat. Er hat es von einer *Frau* gelernt, aber er hat es *Brüdern* weitergegeben.

Trotzdem sind die meisten von uns immer noch gehemmt, andere zu berühren. Für Männer ist Berührung so sehr mit Sexualität verknüpft, daß sie Angst vor den Gefühlen haben, die dabei ausgelöst werden könnten. Anstatt sich diesen Gefühlen auszusetzen, halten sie sich lieber von Berührungen fern. Der *Apostel Thomas* ist das Bild dafür. Er möchte sich mit Jesus lieber intellektuell auseinandersetzen, aber Jesus sagt zu ihm: »Thomas, komm, *und rühre mich an*, und zwar nicht an den schönen Stellen, sondern an *meinen Wunden*. Leg deine Finger in meine Wunden und in meine Seite.«

Wir haben die *Sakramente* oft nur als äußere Zeichen verstanden, die die Gnade vermitteln. In den ersten Jahrhunderten galt in vielen Kirchen die *Fußwaschung* als Sakra-

Fußwaschung Jesu: Heilende Berührung

ment. Es ist interessant, daß dieses Sakrament unterdrückt wurde, während andere aufrechterhalten wurden. Es war zu riskant, zu real, zu sexuell. Wir haben als Relikt immer noch die *Handauflegung,* aber manchmal hat der Bischof, wenn er einem die Hand auflegt, einen schönen weißen Handschuh an, damit die Berührung nicht zu intim und echt wird.

Aus der Aurafotografie wissen wir, daß man eine sehr gesunde, glückliche und lebendige Person fotografieren kann. Um solche Menschen zeigt sich tatsächlich eine Aura, wie ein Heiligenschein. Wenn man dagegen eine Person fotografiert, die voller Haß, Furcht und Bitterkeit ist, dringt fast kein Licht aus diesem Körper. Legt nun ein Mensch mit positiver Aura diesem Menschen die Hände auf, berührt er ihn, dann kann man auf der Aufnahme geradezu sehen, wie sich die Aura, das Licht, von der einen Person zur anderen bewegt. Macht es keinen Sinn, daß sich die geistige Welt in der materiellen Welt tatsächlich zeigt und auswirkt?

Der *Dienst der Heilung* ist in der Kirche weitgehend verloren gegangen, weil wir nicht daran geglaubt haben. In meinen früheren Jahren in *New Jerusalem* habe ich Heilungen erlebt, die ich bis heute rational nicht verstehen kann. Meine ausgeklügelte Theologie hat keine Möglichkeit, sie zu erklären. Dennoch weiß ich: Wenn gläubige Menschen miteinander und füreinander beten und einander berühren, passieren oft wunderbare Dinge. Man kann sagen: *Jesus* hat immerzu nur zwei Sachen gemacht. Er hat *geredet,* und er hat *geheilt.* Und vielleicht ist einer der Gründe, warum das Christentum so viel an Kraft und Vollmacht eingebüßt hat, daß wir nicht mehr an Heilung glauben. Und vielleicht glauben wir deswegen nicht mehr an Heilung, weil wir uns vor Berührung fürchten, weil wir uns davor fürchten, daß unser Körper ein Vermittler des Geistes sein könnte. Der Körper ist für uns so oft mit unwürdigen Gefühlen und Emotionen verbunden.

Man muß oft die eigene Kultur verlassen, um zu sehen, wie merkwürdig sie ist. Erfahrungen in anderen Ländern haben mir gezeigt, wie seltsam wir Nordamerikaner sind. In mancher Hinsicht sind wir viel schlimmer als Europäer: Wir sind sehr puritanisch und viktorianisch. Wir wollen nicht nackt sein. Man macht das einfach nicht. Ich weiß nicht, wer uns das beigebracht hat, aber irgend jemand muß es gewesen sein. Als ich das erste Mal auf den *Philippinen* gepredigt habe, passierte folgendes: Nach der Retrait zeigte mir ein junger Franziskaner, der Philippino war, die Inseln. Während wir im Jeep durch den Dschungel fuhren, sagte er zu mir: »Ich frage mich manchmal, warum ich katholisch und Franziskaner geworden bin. Manchmal denke ich, diese Entscheidung ist ein Rückschritt für mich.« Dann hat er mir diese schöne, aber für mich auch fremdartige Geschichte erzählt: »Wenn ein junger Philippino zum ersten Mal onaniert, ist das eine wunderbare Erfahrung seiner Männlichkeit. Es ist nichts, dessen man sich schämt. Im Gegenteil: Man nimmt den Samen und zeigt ihn seinen Freunden. Ich kam also in den Schulhof mit meinem Samen in der Hand, und alle meine Freunde standen um mich herum, um das zu sehen, und haben mir gratuliert, daß ich ein Mann bin. Aber dann erschien plötzlich der nordamerikanische Missionar und fragte: ›Was ist das?‹ Und nach einer Weile: ›Was soll das sein? Wasch sofort deine Hände und komm nie wieder zur Schule.‹ Ich konnte überhaupt nicht verstehen, was ich da falsch gemacht hatte, warum Gott das nicht gefallen soll. Wir wachsen hier in der Dritten Welt im Familienbett auf, alle liegen übereinander. Wenn man hier ins Krankenhaus kommt, reicht es nicht, *ein* Zimmer zu haben, sondern man braucht viele Betten, weil die ganze Familie mitkommt. Wir fühlen uns wohl mit den Körpern der anderen, mit dem Körper unserer Mutter und dem Körper unseres Vaters. Und ihr wachst in diesen abgekapselten Privatzimmern auf. Ihr habt diese schreckliche Neugierde, und dann geht ihr und kauft Pornohefte, damit ihr seht, wie es aussieht. Wir wissen das schon.«

Afrikanische Krieger: »Schamlose« Nacktheit

Uns geht es mit unserem Körper nicht so gut. Ich habe etwas ähnliches in *Afrika* erlebt. Unterschiedliche Kontinente sind in unterschiedlichen Körperteilen besonders beheimatet. Die Europäer in erster Linie natürlich im Kopf, aber viele Afrikaner sind ganz eindeutig in ihrem Körper zu Hause – ohne Scham und Entschuldigung. In *Kenia* hat man mich mitgenommen, um die *Massai* zu besuchen. Sie sind über zwei Meter groß. Ein Gruppe von Massai kam mir entgegen, und sie waren fast absolut nackt, sie hatten nur ein Ziegenfell über den Schultern und eine kleine Wasserflasche bei sich. Ich bin ja nicht besonders groß. Und als ich ihnen entgegenkam, habe ich genau *dahin* geschaut. Ihnen hat das nichts ausgemacht, aber mir. Und ich habe versucht, woanders hinzugucken. Da habe ich gemerkt: Das ist *mein* Problem. Wo habe ich diese Scham gelernt, wo habe ich gelernt, daß das schlecht ist?

Ich denke, wir kommen von der Scham nur los durch *Berührung* und *Heilung*. Durch Berührung, die sanft und stimmig ist. Eine sexuelle Begegnung wird dann schlecht, wenn sie nicht echt ist. Aber sie ist heilend und erlösend, wenn sie wahrhaftig ist. Es dauert lange, bis man lernt, mit dem Körper die Wahrheit zu sagen. Ein amerikanischer Komiker sagt: »Schreibe keine Schecks mit deinem Körper aus, die dein Leben nicht einlösen kann.« Der Körper hat eine große Fähigkeit, die Wahrheit zu sagen, aber auch eine große Fähigkeit zu lügen. Und ich hoffe, daß wir zu dieser Wahrheit zurückfinden.

Wir Männer sind nicht frei, wirklich enge, echte Freunde zu werden, weil wir so viel Angst vor Homosexualität haben. Wir haben Angst, andere könnten denken, wir sind schwul, wenn wir einen anderen Mann umarmen. Und das ist traurig: Erstens, daß wir Angst haben, für homosexuell gehalten zu werden; zweitens, daß wir Angst haben, eine normale, zwischenmenschliche Beziehung zu zeigen und auszuleben.

Ich möchte eine Reihe möglicher Körpererfahrungen benennen, damit Sie im Spiegel dieser Aufzählung sehen können, inwiefern Ihr Körper Wunden empfangen hat und immer noch in und an sich trägt.
- Vielleicht sind es Sportverletzungen oder Wunden am Kopf, weil man Sie, als Sie klein waren, für dumm gehalten hat oder weil Sie im Denken gefangen sind.
- Die meisten Menschen sind am Herzen verwundet oder sogar gebrochen. Wenn man nicht wenigstens einmal im Leben verlassen oder verraten wurde, dann versteht man nichts. Man kann das Wachstum Jesu gerade daran ablesen, wie er mit seinem dreimaligen Verrat umgegangen ist: dem Verrat des Judas, des Petrus und seines Vaters, als er am Kreuz hing.
- Welche Botschaften haben Ihnen Ihre Eltern über Ihren Körper vermittelt? Haben sie gesagt: »Das ist schmutzig, faß dich da nicht an«? Haben Sie sich geschämt, wenn Sie nackt durch die Wohnung gelaufen sind? Wie waren die Badegewohnheiten in der Familie? Haben die Eltern ihre Nacktheit vor Ihnen versteckt? Haben die Eltern sich leicht getan, Sie zu berühren? Viele von uns sehnen sich danach, berührt zu werden, weil sie nicht genug Berührung von Vater und Mutter gekriegt haben.
- Gab es verbotene Verhaltensweisen in Ihrer Familie, wie rülpsen oder furzen? Mußte man sich dafür entschuldigen?
- Was waren die Wörter für bestimmte Körperteile; durften sie benutzt werden, oder gab es verniedlichende Umschreibungen?
- Konnten Sie als kleiner Junge mit Mutter oder Vater über Sexualität reden? Wie sind Sie aufgeklärt worden?
- Sind Sie ausgelacht worden wegen Ihres Körpers, weil Sie zum Beispiel klein oder dick waren? Es ist unglaublich, wieviel Schamgefühl viele Menschen mit sich herumschleppen, weil sie als Kinder wegen ihres Körpers verspottet wurden. Ich habe erlebt, wie Leute in meinen

Armen stundenlang geweint haben, weil sie sich an die Erniedrigungen erinnert haben, die sie als kleines Kind erlebt haben.
– Gab es eine Zeit, wo Ihr Vater sich von Ihnen zurückgezogen hat, und gesagt hat: »Wir umarmen uns jetzt nicht mehr, sondern wir geben uns die Hand«?
– Vielleicht gab es auch unangenehme Berührungserfahrungen. Wir stellen immer mehr fest, daß nicht nur Mädchen sexuell mißbraucht wurden, sondern auch viele Jungen. Sie schleppen oft ungeheure Schamgefühle mit sich herum, weil sie so tun müssen, als wäre es nie passsiert.
– Wie war die Einstellung Ihrer Kirche zu Sexualität im allgemeinen?
– Die ersten sexuellen Erfahrungen der meisten Leute waren entweder peinlich oder enttäuschend. Vielleicht ist auch das eine schmerzhafte Erinnerung.
– Welche Rolle spielt Berührung in Ihrem jetzigen Leben als Erwachsener? Woher kommt es, daß wir so viel Angst haben, uns zu berühren? Sind sie jetzt frei, zu berühren und sich berühren zu lassen?

Solche Fragen können uns helfen zu begreifen, daß auch unser Körper verwundet ist und gerade deshalb den Zugang zur »Heiligen Wunde« eröffnen kann[1].

---

[1] Diese Fragen waren auf der Männertagung in Bad Segeberg die Hinführung zu einem Heilungsritual. Die Teilnehmer der Tagung wurden gebeten, 20 Minuten lang für sich die eigenen Verwundungen zu suchen und zu betrachten, und dann jene Stellen des Körpers, an denen sie solche Verwundungen festmachen konnten, mit rotem Tesa-Band zu markieren. Im Plenum wurden dann zunächst die Ältesten gebeten, sich in der Mitte des Kreises auf den Boden zu legen. Jeweils drei bis vier der Jüngeren versammelten sich um jeden einzelnen Mann, berührten ihn an den markierten Stellen und beteten über diesen Wunden. Dann kam die nächste Altersgruppe an die Reihe. Diese Berührungerfahrung haben viele Teilnehmer als überaus heilsam erlebt. Sie läßt sich verständlicherweise im Rahmen eines schriftlichen Berichts nur andeutungsweise vermitteln und auch nicht ohne weiteres wiederholen.

DAS EWIG-WEIBLICHE ZIEHT UNS HINAB

Ein wichtiger Schritt auf der Reise des Mannes ist die *Trennung von der Mutter*. Wenn der Junge sich nie von der Mutter getrennt hat, wird er auch nie ein starkes Selbstbewußtsein als Mann entwickeln können. Er ist zu abhängig, zu sehr verquickt mit dem Weiblichen. Er erlernt nicht die männliche Art des Fühlens. Demzufolge ist es für ihn immer die Frau, die in der Partnerschaft dafür zuständig ist, den Gefühlspart zu übernehmen, so, als ob wir Rollen verteilen. Aber irgendwann kriegen wir den Haß der Frauen ab, weil wir nicht wissen, wie man fühlt.

Wenn Männer zu Hause bei ihren Eltern anrufen, und der Vater ans Telefon geht, dann sagt er: »Hallo Sohn, ich geb' dir deine Mutter.« Und die Mutter führt dann das Gespräch. Vater und Sohn haben sich nichts zu sagen. Wir müssen eine männliche Weise finden, unser Inneres mitzuteilen. Wenn die Trennung von der Mutter nicht glückt, verbringen wir unser ganzes Leben in einer Art *psychischem Inzest*. Ich habe erst durch die Männerarbeit begriffen, wie häufig das vorkommt. Viele Söhne werden zum Ersatzpartner für ihre Mutter. Das verwirrt sie erstens selbst sehr stark, und es bringt zweitens den Vater gegen sie auf.

Wenn eine Frau ihren ersten Sohn bekommt, wenn sie das Erlebnis hat, aus ihrem Leib einen männlichen Leib hervorzubringen, ist das oft ein wunderbares Erleben von Ganzheit. Viele Frauen haben mir das berichtet, auch Feministinnen. Leider wird dieser kleine Sohn dann oft wie ein kleiner Gott behandelt. Fast über Nacht überträgt die Mutter ihre ganze Liebe vom Ehemann auf den Sohn, und der Ehemann fühlt sich vernachlässigt. Er spürt zu seinem eigenen Erstaunen, daß er seinen Sohn ablehnt und ihn als

Konkurrenten um die Liebe und Aufmerksamkeit derselben Frau erlebt.

In Lateinamerika, aber auch in New Mexiko, wo ich lebe, kommt es sehr häufig vor, daß der Vater den ältesten Sohn prügelt. Der kleine Junge versteht nicht, warum ihn der Vater nicht mag. Das treibt ihn natürlich noch tiefer in die Arme der Mutter, was das Problem wiederum vergrößert. Aber der kleine Junge versteht das nicht, weil er das Opfer der Beziehungskonstellation ist.

Das kommt viel häufiger vor, als ich jemals gedacht hätte; und es schafft in vielen von uns eine überaus verwirrende Beziehung zum Weiblichen. Wir nennen das *Haßliebe*. Wir können nicht *mit* den Frauen leben, aber auch nicht *ohne* sie. Das wird auf vielfache Weise im Leben variiert: Wir lieben eine Frau, aber wir haben zugleich Angst, von ihr verschlungen zu werden. In vielen Mythen wird die Frau mit dem Chaos in Verbindung gebracht. Wenn ich einer Frau zu sehr verfalle, verliere ich meine Grenzen und meine Identität.

Ich erinnere mich an einen jungen Mann in *New Jerusalem*. Er träumte, wie er mit seiner Frau schlief; auf einmal jedoch umklammerten ihn ihre Hände, und sie erstach ihn von hinten. Er sagte: »Ich lebe genau mit dieser Spannung«. Sie ist nicht immer so dramatisch, aber sie zeigt sich in unserer Angst vor Nähe. Wir haben Angst, uns auf irgend etwas zu nah einzulassen, weil wir Angst haben, wir könnten uns dabei selbst verlieren. Wenn unsere Grenzen zu früh von der anderen Seite her überschritten werden, verbringen wir den Rest unseres Lebens damit, diese Grenzen übertrieben zu schützen und zu verteidigen. Das macht echte, zarte Liebe unmöglich. Vielen Männern wird mit Recht vorgehalten, daß sie abgespalten und entfremdet leben; und sie hassen sich selbst dafür.

Die traditionellen Kulturen haben Mittel und Wege gefunden, wie der Mann sich vom Weiblichen ablösen kann,

Der zwölfjährige Jesus im Tempel: Notwendige Abnabelung

um zum »Haus des Vaters« zu gelangen. Wir sehen das bei *Jesus* im Alter von zwölf Jahren. Sogar die Heilige Gottesmutter mußte verlassen werden. Wir Katholiken können nicht verstehen, daß Jesus sich von Maria trennen muß. Aber wenn schon Jesus das tun mußte, dann haben wir es bestimmt auch nötig.

Viele Männer finden in der Mitte ihres Lebens heraus, daß sie eigentlich ihre Mutter geheiratet haben. Das ist immer eine große Überraschung und oft auch sehr enttäuschend. Denn die Welt der Mutter ist die emotionale Welt, in der wir beheimatet sind – selbst wenn sie neurotisch ist. Wir wiederholen immer dasselbe eingefahrene Muster – in der Hoffnung, die Dinge irgendwann auf die Reihe zu kriegen. Menschen, die mißbraucht worden sind, heiraten in der Regel Menschen, die mißbrauchen. Das ist seltsam, aber sehr verbreitet, und vielleicht ist es sogar eine Art Todessehnsucht.

Im *»Parzival«* des *Wolfram von Eschenbach* aus der ersten Hälfte des 13. Jahrhunderts wird der Held Parzival durch seine Mutter von der Reise abgehalten. Sie verkleidet ihn als Narren, weil sie um jeden Preis verhindern will, daß er ein Krieger wird. Aber Parzival folgt seinem Instinkt, trifft auf den berüchtigten Roten Ritter, besiegt ihn, und macht sich so von der fesselnden Mutterenergie frei.

Für viele von uns ist die *Kirche* zur fesselnden Mutter geworden. Wir Katholiken sprechen sogar von der Heiligen »Mama« Kirche. Es löst Schuldgefühle in uns aus, wenn wir anderer Meinung sich als *»Mama«*. Denn sie sagt uns immer noch, wie wir fühlen sollen. Diese Schuldgefühle können sehr tief gehen, auch wenn wir hochgebildet sind.

Ich habe meine Mutter verlassen, als ich 14 war, um Franziskaner zu werden. Aber ihr emotionales Tonband wird immer noch in mir gespielt. Sie hat mir zum Beispiel beigebracht, daß ich sparsam und sauber sein soll. Und ich habe immer noch Schuldgefühle, wenn ich es nicht bin. Es ist, als ob *dies* das Evangelium sei, aber Jesus hat nie davon gesprochen, daß man sauber sein soll! Ich habe mehr Schuldgefühle, wenn ich nicht sauber bin, als wenn es um das echte Evangelium geht. Das ist ein Beispiel für die emotionalen »Mutter-Bänder«, die unser Leben bestimmen.

Die Versuche des jungen Mannes, sich von der Mutter wegzubewegen, sich von vereinnahmender, fesselnder Weiblichkeit zu lösen, von dem, was weich, »nett« und sauber ist, wegzugehen, werden in den Mythen dadurch symbolisiert, daß er einen *Turm* baut. Er weiß, er wird immer wieder in die Erde, in die Materie hineingezogen, in die Bequemlichkeit, in die schnellen Freuden, ins leichte Leben; er würde am liebsten den Rest seines Lebens an der Mutterbrust nuckeln und sich versorgen lassen. Deswegen weiß er zugleich, daß er zum Helden werden muß; er muß sich aus der Erde herausentwickeln, er muß sich in den Himmel erheben. Dafür steht das Symbol des Turms. Der frühe heroische Instinkt zeigt sich in der Sehnsucht des jungen Mannes, etwas Schweres zu tun, was wirklich viel von ihm verlangt. In unserer Kultur sind die einzigen Möglichkeiten, dies zu verwirklichen, zum Militär zu gehen oder Sportler zu werden.

Auf der Reise weg vom Weiblichen in die Männlichkeit müssen wir lernen, daß wir uns selbst nicht »reparieren« können, schon gar nicht schnell oder zu früh. Wenn wir es versuchen, dann konzentrieren wir uns immer auf das, was tatsächlich »reparabel« ist: Kleinigkeiten, die wir kontrollieren können oder zumindest für kontrollierbar halten. Das erklärt, warum die christlichen Kirchen häufig so rigide mit Sexualität umgegangen sind. Sie ist etwas in der Beziehung zum Weiblichen, was wir vermeintlich unter Kontrolle halten können.

Sehr häufig sind diese Reparaturversuche aber eine Vermeidung der wirklichen Wunde, des wirklichen Themas: nämlich der *Machtlosigkeit*. Die wirklichen Wunden können nicht »repariert« werden. Das gibt uns ein Gefühl von Ohnmacht und Unbrauchbarkeit. Echte Initiation lehrt den Jungen, daß nicht alles repariert werden muß. Der Drachen kann und braucht nicht getötet werden; er kann aber gezähmt werden. Das ist die Weisheit, die wir entweder in der Mitte des Lebens lernen – oder wir bauen unseren Turm immer höher in den Himmel hinein, und dann wird er immer gefährlicher und illusionärer. Das Ergebnis ist der alte rigide, verbitterte Mann, der nur noch im Kopf lebt, der alle richtigen Antworten hat aber keine Weisheit, der das Gesetz hat und das Evangelium als Methode der Selbstkontrolle versteht und nicht als Selbsthingabe, der alles über die Wahrheit weiß, aber nichts von der Liebe versteht. Echte Initiation lehrt uns, daß das Leben wesentlich eine tragische Dimension hat. Sie begegnet uns ganz oft im Geheimnis der Liebe. Darum wird die »große Niederlage« oft durch das verwundet Herz dargestellt.

Die Gabe des Männlichen ist meiner Meinung nach immer die »Kunst der Trennung«, während die Gabe des Weiblichen die »Kunst der Vereinigung« ist. Vereinigung ohne Trennung führt zu Abhängigkeit und Symbiose, zu einer neurotischen Beziehung, in der Männer nicht wissen, wer sie ohne die Bestätigung der Frau sind. Dann gleichen Partnerschaft und Familie einem warmen Strudel, aber mit einer Reise hat das alles nichts zu tun. Ohne männliche Energie gibt es keine Richtung, keinen Weg. Das Leben ist zu sehr nach innen gerichtet. Das gilt auch für viele Teile der heutigen Kirche. So sehr behauptet wird, daß die Kirche von Männern dominiert sei, tendiert sie doch insofern dazu, »weiblich« zu sein, als sie ständig mit sich selbst beschäftigt ist. Sehr oft fehlt ihr jeder Sinn für einen Auftrag und eine Sendung, jeder Blick für ein größeres Ganzes. Vielleicht ist das einer der Gründe dafür, daß viele Männer von der Kirche nicht angezogen werden. Da ist zu viel mütterliche Nestwärme und zu wenig phallische Energie.

In der »Odyssee« muß der Held *Odysseus* viele Versuchungen bestehen. Gewarnt von der Zauberin *Kirke* übersteht er die Vorbeifahrt an den *Sirenen*, zwei Frauengestalten, die mit ihrem betörenden Gesang die Seefahrer anlocken, um sie dann zu vernichten. Odysseus verstopft seinen Gefährten die Ohren, während er sich selbst an den Mast des Schiffes fesseln läßt. Anschließend muß er das Schiff zwischen *Skylla* und *Charybdis* hindurch navigieren. Skylla ist ein weibliches Scheusal mit zwölf Klauen und sechs Häuptern an langen Hälsen. Sie bewohnt eine Felsenhöhle und holt sich aus jedem vorbeifahrenden Schiff sechs Lebewesen zum Fraß. Charybdis schlürft dreimal täglich das Meerwaser ein und speit es tosend wieder aus. Ein Schiff, das in ihren Sog gerät, ist unweigerlich verloren. Odysseus verschweigt seinen Gefährten die Gefahren von Skylla und Charybdis und nimmt in Kauf, das sechs seiner stärksten Männer geraubt werden, um der Charybdis zu entgehen.

Die Sirenen, Skylla und Charybdis sind Bilder der verschlingenden, negativen Anima. Odysseus trifft Vorsorge, um ihrem Sog nicht gänzlich zu erliegen und ihre Macht und die daraus resultierenden Verluste zu begrenzen. Diese Klarheit braucht der Mann, um herauszufinden, was er wirklich tun muß, und davon die falschen Versuchungen zu unterscheiden. Das heißt nicht, daß ich rate, die Frauen zu meiden. Aber es gibt jenen veschlingenden, destruktiven Sog negativer Weiblichkeit (auch im Manne selbst!), vor dem wir auf der Hut sein müssen.

Die Gefahr des Weiblichen in diesem Zusammenhang ist, daß es dazu verführt, sich zu sehr um sich selbst zu drehen, der eigenen Befriedigung und Beglückung zu sehr nachzujagen: »Ich muß mich ganz machen, ich muß mich glücklich machen, ich muß dafür sorgen, daß es mir gut geht.«

Der *gesunde Mann* weiß, daß dieser Weg nirgendwo hinführt. Wie uns ein Übermaß an Geist in den Himmel abschwirren läßt, so führt uns ein Übermaß an Seele in besag-

Die Sirenen: Aspekte ...

Skylla: ... verschlingender Weiblichkeit

ten Strudel. Das erste ist die konservative Versuchung, das zweite ist die liberale Versuchung; und keine von beiden ist die christliche Reise. Jesus beschreibt die christliche Reise mit einem Wort, das für die männliche Seele sehr einleuchtend ist: Er spricht vom *Weg*, und zwar vom *Weg des Kreuzes*, der darin besteht, daß Liebe immer in den Schmerz führt. Wenn du liebst, wirst du dafür leiden. Wenn du tief liebst und dich wirklich einläßt, wirst du auch Trennung erleiden.

Die weibliche Versuchung ist, die Liebe um jeden Preis aufrechtzuerhalten, immer auf Nähe zu drängen und einander immer in die Augen schauen zu wollen. Viele der jungen Männer in *New Jerusalem* mußten auf Wunsch ihrer Frauen sechs Abende in der Woche zu Hause bleiben; an einem Abend durften sie das Haus verlassen. Die Frauen hatten ganz besondere Angst davor, die Männer könnten zusammen ausgehen. Wenn sie zusammen wegwaren, wollten die Frauen hinterher ganz genau wissen: »Worüber habt ihr geredet?« Viele Frauen haben großes Mißtrauen, wenn sich Männer zusammentun, weil sie Angst haben, wir würden sie vielleicht nicht brauchen. Natürlich brauchen wir Frauen *und* Männer. Aber die Gemeinschaft der Männer untereinander ist uns nicht erlaubt worden, weil sie zu gefährlich ist. Wenn eine Frau einen Mann heiratet, möchte sie, daß er zu Hause bleibt und mit ihr zusammen ein schönes Haus bewohnt, umfriedet mit einem schönen, weißen Lattenzaun. Das ist zwar die Hälfte der Wahrheit. Aber nach einer Weile, wenn man nichts anderes macht, als sich in die Augen zu schauen, gibt es dort nichts mehr zu sehen. Der Mann ahnt, daß beide in dieselbe Richtung schauen müssen, auf etwas Größeres. Das ist die Gabe und die Obsession des Mannes. Etwas in ihm sagt: »Da gibt es noch mehr!« Wenn es jedoch in der Familie keine männliche Energie gibt, dann wird sie zum Strudel. Daran geht die Familie irgendwann kaputt.

Der Mann muß in die Beziehung den Aspekt der Trennung und Distanz einbringen, und er muß vom Weiblichen Bindung und Nähe lernen. Die Frau muß uns etwas über Nähe und Gemeinschaft lehren, und der Mann muß die Frau etwas über Auftrag und Sendung lehren. Frauen verstehen Verbindlichkeit besser als Männer, und der Mann versteht die Reise besser. Beide Aspekte haben gute und schlechte Seiten. Der Mann kann ewig unterwegs sein und nie verbindlich werden, und die Frau kann so mit Beziehungen beschäftigt sein, daß sie auf keine Reise geht. Die Frau setzt auf das, was *ist*, der Mann setzt auf das was noch *kommen soll*. *Beides* verdient Treue und Loyalität. Das Weibliche ist die Einladung zum Fest und zur Freude, das Männliche ist der Weg hinaus in die Welt der Disziplin und der Ordnung. Die sexuelle Erfahrung des Mannes ist immer die Hingabe des Samens, die weiliche Erfahrung ist, den Samen festzuhalten und aufzunehmen. Beides ist jeweils die eine Hälfte des Geheimnisses des Lebens. Das »Ewig-Weibliche« zieht uns – um *Goethes* berühmte Formulierung abzuwandeln – im doppelten Sinne »hinab«: Es sorgt einerseits für Bodenhaftung und Erdung im Konkreten, kann uns aber andererseits auch in den verhängnisvollen Strudel der Selbstbezogenheit und damit in die Stagnation locken.

Wenn ich solche Beschreibungen mache, meine ich *ausdrücklich nicht*, daß Männer immer *so* und Frauen immer *so* sind. Denn tatsächlich haben viele Frauen ihre »männliche« Seite besser entwickelt als viele Männer. Auch darum sind wir heute in unserer Geschlechterrolle so unsicher. Generell ist es im Westen so, daß die Frauen den Männern etwa 15 Jahre voraus sind, wenn es darum geht, die Gegensätze in sich zu vereinen. Darum sagen auch in der katholischen Kirche so viele Leute, daß es dringend notwendig ist, daß Frauen Priesterinnen werden. Viele Frauen verstehen einfach mehr von der Seele als wir.

Gleichzeitig gibt es die Tendenz, daß die Geschlechter noch mehr auseinanderdriften, weil sich Männer mittlerweile von Frauen so sehr abgelehnt und so wenig wertgeschätzt fühlen, daß die Versuchung groß ist, erst recht in die alten Muster zurückzufallen. Die Frauenbewegung ist in Wirklichkeit eine Einladung, sich tiefer auf die Reise einzulassen, um die weibliche Seite tief in uns zu entdecken. Es geht dabei nicht um ein »Entweder – Oder«, sondern um ein »Sowohl – Als Auch«.

Wir müssen entdecken, daß das Weibliche zuerst und vor allem *in uns* ist. Daß es eine Frau in unserem Leben gibt und daß wir mit einer Frau schlafen, heißt noch lange nicht, daß wir dem Weiblichen begegnen; es kann auch eine Vermeidungsstrategie sein. Ein *gesunder Zölibat* könnte ein Zeichen dafür sein, daß es wirklich die Möglichkeit gibt, in sich selbst beides zu vereinen. Dasselbe gilt für *Homosexualität*. Es ist keine Überraschung, das dieses Thema heute in allen Institutionen solch ein Streitpunkt ist. Denn der homosexuelle Mensch birgt in sich die Möglichkeit, ein Archetyp dieser *Vereinigung* zu sein. Das bringt natürlich das gesamte Beziehungsgefüge durcheinander! Wir wollen es immer ganz klar haben: Männlich *hier* – weiblich *dort*! Es irritiert uns ungeheuer, wenn das in *einer* Person zusammenkommt. Es zeigt uns, daß Sexualität kein »Entweder – Oder« ist, sondern ein Kontinuum. Vielleicht sind nur zehn Prozent aller Männer absolut homosexuell und zehn Prozent absolut heterosexuell. Die meisten bewegen sich irgendwo dazwischen. Das heißt nicht unbedingt, daß wir mit anderen Männern sexuelle Beziehungen haben wollen; aber es bedeutet, daß wir auf jeden Fall Freundschaft, Nähe und Intimität mit anderen Männern suchen.

Für die meisten Männer gibt es keinen angstfreien Raum, wo das passieren darf, wo sie ausdrücken können, was wirklich in ihnen ist. Das ist einer der Hauptgründe, warum Männer so verwundet sind: Man hat ihnen die Hälfte des Lebens weggenommen, und das kann nicht gut sein.

Um uns selbst besser zu verstehen, ist es wichtig, daß wir

die Beziehung zu unserer Mutter anschauen. Dazu möchte ich die entsprechenden vier *weiblichen Archetypen* wenigstens kurz andeuten:

Zuerst ist da die *Königin*. Das ist die Frau, die viele Dinge zusammenhält. Weil viele Väter keine Könige waren, mußten viele Mütter lernen, Königinnen zu sein. Viele von uns sind im Königinnenreich ihrer Mutter aufgewachsen. Das Haus war *ihre* Burg; es war nicht der Tempel des Vaters, sondern die Burg der Mutter.

Das zweite ist die *Amazone*. Weil die Männer den Krieger aufgegeben haben, haben viele Frauen diese Energie entwickelt. Viele junge Frauen heute sind Amazonen. Wenn junge Männer zwischen 18 und 33 gefährlich sind, dann werden Frauen oft nach den Wechseljahren gefährlich. Für sie besteht – nachdem sie den Schmerz des Lebens und alle Enttäuschungen mit der Ehe, mit den Kindern und mit sich selbst schon hinter sich haben – die große Versuchung darin, übertrieben viel Geist zu entwickeln und in den Himmel abzuheben. Die weibliche Form der Vergeistigung ist absolute Rechthaberei: Dann kann man über nichts mehr diskutieren, und das Ganze enthält einen gehörigen Schuß Manipulation. Das treibt den Mann abermals aus dem Haus. Es ist zu verwirrend für ihn und schafft Schuld- und Schamgefühle; es kastriert den Mann. Das ist die *dunkle Seite der Amazone*.

Die weibliche Ausgabe des Magiers wäre die *Mittlerin*, die Frau, die die innere Welt versteht und uns einweiht, die Seelenfreundin. Immer mehr Männer gehen auf der Suche nach Weisheit zu Frauen, weil es so wenige gute männliche Magier gibt.

Der vierte Archetyp wird mit dem griechischen Wort *Hetäre* bezeichnet. Das ähnlichste, was wir in der modernen Zeit kennen, ist die japanische *Geisha*: die Frau, die gebildet ist, schön, klug und sensibel. Sie versteht etwas von Musik und Dichtung, weiß, wie man ein wunderbares Mahl zubereitet und Blumenarrangements macht. Sie versteht sich zu kleiden, und ihre vollkommene Weiblichkeit bringt den Mann dazu, männlicher zu werden. Ihre Ganzheit löst im Mann den Wunsch aus, seinerseits ganz zu werden. Die Hetäre ist die Frau, die sich am Guten, Wahren und Schönen freut – und uns dazu bringt, daß wir dasselbe wollen.

Soweit diese Andeutungen. Wirklich entwickeln kann diese Bilder nur eine Frau. Jedenfalls lohnt sich der Dialog mit Frauen über die Rolle, die diese vier Archetypen jeweils im Männerleben *und* im Frauenleben spielen.

GESCHAFFEN ALS MANN UND FRAU

Ich habe in einer Kathedrale in San Francisco einmal ein Gemälde gesehen, das Männlichkeit und Weiblichkeit symbolisch so darstellt, wie sie in unserer Kultur erfahren werden. Man könnte dieses Gemälde sogar als *symbolisch* und *mythisch* bezeichnen, weil es ausdrückt, was wir zutiefst über uns als Mann bzw. Frau empfinden. Vielleicht war das der Grund dafür, dieses Gemälde im hinteren Teil der Kathedrale aufzuhängen – weil es etwas sehr Tiefes in der menschlichen Seele berührt, Aufmerksamkeit fesselt und Nachdenklichkeit weckt.

Das Gemälde zeigt sechs Figuren, drei männliche und drei weibliche, die miteinander zu einem Kreis verwoben sind. Die Beschreibung, die daneben angebracht ist, bezeichnet die drei männlichen Figuren als »*Die Herrscher*« und nennt sie *Verstand, Gestalt* und *Sprache*. Die drei blicken, indem sie die Wirklichkeit beobachten, definieren und benennen, nach außen vom Kreis weg. Ihre Energien sind in drei unterschiedliche Richtungen *nach außen* gerichtet. Die weiblichen Figuren werden als »*Die Musen*« bezeichnet und heißen *Meditation, Erinnerung* und *Gesang*. Die Blicke dieser drei sind einander zugewandt. Sie nehmen symbolisch Beziehung auf, erinnern sie und vergewissern sich ihrer. Ihre Energien bewegen sich zur *Mitte* des Kreises hin in Richtung Zusammengehörigkeit und Einheit.

Diese künstlerische Darstellung des »Männlichen« und »Weiblichen« in unserem Leben verkörpert eine wunderschöne Symmetrie. Sie symbolisiert nicht nur, wie wir uns häufig als Mann bzw. Frau fühlen, sie drückt auch aus, wie wir »männliche« und »weibliche« Anteile in uns selbst erfahren. Sie erinnert daran, daß der Mensch als Mann *und*

Frau erschaffen wurde, als Ebenbild Gottes (Gen. 1, 27), und daß die *Unterscheidung* in Mann und Frau ihrem *ursprünglichem Einssein* nachgeordnet ist (Gen. 2, 18—23).

Seit unzähligen Epochen jedoch haben menschliche Kulturen und Gesellschaften die *Unterschiede* zwischen Männern und Frauen betont — und nicht ihre ursprüngliche Einheit. Trotz der unendlichen Faszination der Geschlechter füreinander unterscheiden gesellschaftliche Bräuche scharf zwischen Mannsein und Frausein, und die Sexualmoral beschäftigt sich damit, Männer und Frauen voneinander getrennt zu halten. Die Gesellschaft lehrt uns, dem anderen Geschlecht mit Mißtrauen zu begegnen, und sie züchtet in uns einen Konkurrenzkampf um unterschiedliche Formen von Macht.

Weil die meisten Kulturen von Männern dominiert sind, werden Frauen normalerweise — besonders von der Frauenbewegung — als eine unterdrückte gesellschaftliche Gruppe betrachtet. Die allgemeine Annahme ist, daß Männer alle Macht besitzen und Frauen die Verliererinnen sind. In meinen eigenen Überlegungen zum Mann-Frau-Gegensatz komme ich jedoch zu dem Schluß, daß sowohl die Männer als auch die Frauen Verlierer sind. Uns wird jene gesunde *Ganzheit* — um nicht zu sagen *Heiligkeit* — vorenthalten, die durch die Integration des »Männlichen« und »Weiblichen« in unserem Leben entsteht. Ich behaupte sogar, daß Männer letztlich einen größeren Mangel leiden als Frauen. Männer leiden auch mehr an den Folgen dieses Mangels.

Ich meine damit, daß Frauen häufig das kulturelle Stereotyp, auf das sie fixiert sind, kompensieren können, indem sie beim männlichen Machtspiel mitmachen. Zugegeben, sie mußten bisher normalerweise subtil und indirekt vorgehen und »weibliche List« anwenden, um die Männer um sich herum zu manipulieren. Männer hingegen hatten bislang keinen vergleichbaren Ausweg. Weibliches Verhalten war für sie derart streng tabuisiert, daß Männern das Erkennen und Entwickeln ihrer »weiblichen« Dimension verwehrt war.

In den letzten Jahren haben uns Theologen aus der Dritten Welt klargemacht, daß es dem von Jesus verkündigten und von der frühen Kirche gelebten Evangelium wesentlich um die Befreiung des Menschen geht. Die »gute Nachricht« (woraus das Wort Evangelium abgeleitet ist) lautet: Menschen können von den Fesseln der Unterdrückung befreit werden. Wer Gottes Liebe annimmt, kann in Gottes Reich leben und bleibt nicht in der Welt gefangen. Wer füreinander sorgt, wie Jesus es tat, gelangt im selben Augenblick ins Himmelreich, weil er befreit ist von den Verwicklungen, die das Leben zur Hölle machen. Das Leben kann für Frauen und Männer, Sklaven und Herren, Arme und Reiche gleichermaßen ein Alptraum sein, solange sie nicht durch die Praxis der Liebe Gottes befreit werden.

Die ersten, die die befreiende Botschaft des Evangeliums annahmen und beantworteten, waren bezeichnenderweise die Armen und Machtlosen. Sie waren »selig«, denn sie wußten um ihr Armsein und ihre Hilfsbedürftigkeit (Mt. 5, 3–12). Aber viele der Lehren Jesu waren nicht an die Armen und Schwachen, sondern an die Reichen und Mächtigen gerichtet. Offensichtlich sah Jesus die Unterdrücker (die in den ersten drei Evangelien oft durch die »Schriftgelehrten und Pharisäer« verkörpert sind) als *ebenso* heilsbedürftig an wie die Unterdrückten! Womöglich waren sie sogar erlösungsbedürftiger, denn sie waren in ihrer eigenen Blindheit gefangen (Mt. 23, 13–39).

Was Jesus zu seiner Zeit so klar erkannte, gilt heute auch noch. Die Reichen verarmen durch ihren eigenen Wohlstand, die Mächtigen sind Opfer ihrer eigenen Machtpositionen, und die Unterdrücker werden durch ihr eigenes Autoritätsgehabe unterdrückt. Sie selbst mögen es anders sehen, und doch ist es wahr.

Wenden wir diese Lektion des Evangeliums auf den Mann-Frau-Gegensatz an, so müssen wir folgern, daß Männer als die dominante Gruppe genauso oder noch heilsbedürftiger sind als Frauen. Männer halten sich für mächtig, sind aber weitgehend machtlos. Sie halten sich für frei, sind aber weitgehend unfrei. Sie halten sich für die Herrscher, die die Realität definieren, sitzen aber tatsächlich in der Falle – *oben,* aber gefangen!

Wenn das stimmt, dann können Frauen durch eine Umkehrung der Machtverhältnisse nichts gewinnen. Manche Feministinnen scheinen zu glauben, daß Frauen von der Unterdrückung der patriachalischen Gesellschaft befreit wären, wenn die Geschlechterrollen vertauscht würden. Würde man die Rollen jedoch einfach nur tauschen, säßen die Frauen in einem nunmehr matriachalischen bzw. frauendominierten System genauso in der Falle wie es die Männer jetzt tun.

Die befreiende Botschaft Jesu besteht darin, daß man zum Heil durch *Partnerschaft* und nicht durch *Dominanz,* durch das *Abgeben* und nicht durch das *Ausbauen* von Macht gelangt. Die Armen werden nicht durch das Ausrauben der Reichen und die Schwachen nicht durch das Bezwingen der Starken gerettet, ebensowenig wie die Sklaven nicht gerettet werden, wenn sie ihre Herren zu Sklaven machen. Den Spieß umkehren hieße, die sündenvolle menschliche Lage aufrechterhalten, aus der Jesus uns befreien wollte.

Die gute Nachricht, daß Befreiung durch *Machtteilung* entsteht, hat viele Implikationen für die Gesellschaft: die Notwendigkeit von Gemeinschaft, Kooperation und Kommunikation zwischen gegensätzlichen sozialen Gruppen. *Befreiungstheologen* betonen, wie notwendig es ist, den Reichtum zwischen Erster und Dritter Welt, die Ressourcen zwischen entwickelten und unterentwickelten Ländern sowie die politische Macht zwischen Mehrheiten und ethnischen Minderheiten zu teilen. Nur wenn die Gaben geteilt werden, wird die Welt beginnen, die Realität des Evangeliums – das Reich Gottes – zu erfahren.

Die Bedeutung dieser guten Nachricht für die persönliche Spiritualität lautet entsprechend: Die »männliche« Dimension der Seele beinhaltet Gaben, die, wie in dem Gemälde jener Kathedrale, als *Verstand, Gestalt* und *Sprache* bezeichnet werden können. Es sind die Kräfte der linken Gehirnhälfte, bestehend aus Logik und Sprache, Klarheit und Schärfe, Denken und Entscheiden, Organisation und Ordnung. Ich nenne diese Aspekte die »Kunst der Trennung«. Auf der anderen Seite hat der »weibliche« Seelenteil Gaben, die als *Meditation, Erinnerung* und *Gesang* bezeichnet werden können. Es sind die Kräfte der rechten Gehirnhälfte, nämlich Kreativität und Intuition, Verstehen und Synthese, Gefühl und Zärtlichkeit, Beziehung und Verbundenheit. Ich nenne diese Aspekte die »Kunst der Vereinigung«. Trennung ohne Vereinigung ist lediglich Entfremdung und Einsamkeit. Vereinigung ohne Trennung macht süchtig und ist gegenseitige Abhängigkeit. In beiden Fällen fehlt die *Liebe,* um die es der Spiritualität immer geht.

Der spirituell ganze Mensch integriert in sich sowohl die weiblichen als auch die männlichen Dimensionen des menschlichen Geistes. Er/sie ist *androgyn* im besten Sinne des Wortes, das aus den beiden griechischen Wörtern für »Mann« und »Frau« gebildet wurde. Keine Seite dominiert, weil jede die jeweils andere energetisiert und jede von der anderen hervorgebracht und bestätigt wird. Androgynität ist die Fähigkeit, auf weibliche Weise männlich und auf männliche Weise weiblich zu sein. Der androgyne Mensch *unterscheidet* das Männliche vom Weiblichen (das ist die männliche Stärke); er/sie kann aber auch das Männliche und das Weibliche miteinander *vereinigen* (das ist die weibliche Stärke). Androgynität ist die Fähigkeit des spirituell ganzen Menschen, sowohl männlich als auch weiblich zu sein und beide Energien bewußt und kreativ einzusetzen.[1]

Das Gemälde der *Herrscher* und der *Musen* ist gerade deshalb ein wunderbares Symbol für Androgynität, weil es einerseits das Männliche vom Weiblichen *unterscheidet,* und andererseits beide in einem einzigen Kunstwerk *vereint.* Zunächst stellt es die oberflächlichen Mythen des Männlichen und Weiblichen dar, doch nach längerem Anschauen lädt es uns ein, über entgegengesetzte Stereotype hinauszuschauen und sie innerhalb eines integrierten Ganzen zu verstehen. Vielleicht nannte der Künstler *Peter Rogers* sein Werk deshalb: »Das neue Paradigma«. Er versuchte, ein neues Bild von dem zu zeigen, was Menschsein heißt: weder ausschließlich männlich noch ausschließlich weiblich, sondern ein ausgewogenes Zusammenspiel beider.

Dies ist die Vorstellung, zu der wir gelangen müssen, wenn wir heutzutage an Spiritualität auch nur denken wollen. Sie ist auch das Ziel, das wir im Auge behalten müssen, wenn wir jemals jene Heiligkeit, die Ganzheit ist, erlangen wollen.

---

[1] Als weiterführende Lektüre zum Thema »Androgynität« empfehle ich: *John A. Sanford:* Unsere unsichtbaren Partner. Von den verborgenen Quellen des Verliebtseins und der Liebe, Interlaken: Ansata-Verlag, 1987.

MÄNNLICHE SPIRITUALITÄT

Männliche Spiritualität: Vielleicht klingt dieser Ausdruck neu und fremd, vielleicht sogar falsch oder überflüssig. Warum soll man sich die Mühe machen, über eine ausdrücklich maskuline Spiritualität nachzudenken? Ist das wirklich hilfreich? Hilft es Männern und Frauen, Christus zu begegnen? Ich bin davon überzeugt; und darum will ich versuchen, auf den Punkt zu bringen, was ich unter männlicher Spiritualität verstehe.

Zunächst möchte ich betonen, daß männliche Spiritualität nicht nur für Männer gedacht ist, obwohl sie vor allem von Männern entdeckt und gelebt werden muß. Paradoxerweise leuchtet das, was ich über Männlichkeit sage, vielen Frauen eher ein als Männern. Frauen sind in unserer Gesellschaft mehr motiviert und vielleicht sogar gezwungen, an sich selber zu arbeiten als Männer.

Im allgemeinen sind die Frauen den Männern weit voraus, wenn es darum geht, ihre männlichen und weiblichen Anteile zu integrieren. Die Frauen sind diesbezüglich dabei, uns Männer abzuhängen! Die Suche unserer Schwestern nach echter Weiblichkeit hat vielen Brüdern bewußt gemacht, daß es auch eine echte Männlichkeit gibt. Doch wie sieht sie aus?

Einfach gesagt: Echte Männlichkeit ist die andere Seite echter weiblicher Energie. Sie ist der Gegenpol, das Gegenteil, der Ausgleich. In der chinesischen Sicht des Universums ist sie das *Yang*, das aktive männliche Prinzip, das stets die notwendige Ergänzung zum *Yin* darstellt, dem passiven weiblichen Prinzip. In der jüdisch-christlichen Tradition ist sie das halbe Ebenbild Gottes: »Gott schuf den Menschen als sein Ebenbild. Als *Mann* und *Frau* schuf er sie« (Gen. 1,27).

Das heißt aber nicht, daß Männer ausschließlich männliche und Frauen ausschließlich weibliche Energie haben. Im Gegenteil – obwohl in den meisten Kulturen die Tendenz vorherrscht, die Geschlechterrollen festzuschreiben, zu klassifizieren und auf ein vorhersagbares Verhaltensspektrum festzulegen. Leider hat diese Tendenz zur Folge gehabt, daß wir unreif, unintegriert und zwanghaft geblieben sind und nicht gelernt haben, ein Leben wahrer – menschlicher wie göttlicher – Liebe zu führen.

Paulus sagt: *»Es gibt nicht mehr Mann und Frau; denn ihr alle seid eins in Christus Jesus«* (Gal. 3, 28). Die neue Menschheit, der wir entgegesehen, ist weder geschlechtslos, noch eingeschlechtlich noch übertrieben geschlechtsfixiert – all das macht Liebe unmöglich. In Christus sind wir ganz, eins, vereint, integriert – und heilig. Das ist das Ziel des Geistes, der alle Dinge eins macht. Das ist das vollendete Werk Gottes in Christus, der in sich alle Dinge miteinander versöhnt und uns einlädt, an dieser Versöhnung teilzuhaben.

Als zölibatär lebender Mann kann ich meiner Berufung wenig Sinn abgewinnen, wenn ich nicht einen Weg finde, meine weibliche Seele zu erwecken und zu lieben. Ohne diese Möglichkeit wäre ich lediglich ein egozentrischer Junggeselle, ein Möchtegern-Macher, eine vertrocknete Wurzel. Ein Mann, dem seine weibliche Seele fehlt, läßt sich leicht beschreiben. Er beschäftigt sich ausschließlich mit der äußeren oberflächlichen Welt, und sein Kopf wird zum Kontrollturm. Er wird Dinge bauen, erklären, benutzen, reparieren, regeln, ordnen und mit ihnen spielen – falls er sich die Mühe macht, die Dinge überhaupt zu berühren. Denn das Innere der Dinge ist ihm fremd. Er hat Angst davor. Deshalb macht der Kontrollturm der Vernunft und der Ordnung permanent Überstunden. Das ist für ihn die einzige Möglichkeit, ein Gefühl von Sicherheit und Bedeutsamkeit zu erhalten. Er ist in einer *Teilwahrheit* gefangen, die genau deshalb gefährlich ist, weil er sie für die *ganze Wahrheit* hält. Er sitzt in der Falle der falschen Männlichkeit. Genau das ist zum kollektiven Mythos der westlichen Welt geworden. Verantwortlich dafür sind meist Männer, die die Macht, das Geld, die Wirtschaft, die Kirche, das Militär und die Moral kontrollieren. Was wir Realität nennen, wovon wir fast völlig abhängig sind, ist zum großen Teil eine Erfindung von Männern, die noch nie ihrer Innenwelt begegnet sind. Sie sind noch nie in sich gegangen, haben weder Vertrauen noch Verletzlichkeit, weder Gebet noch Poesie gelernt. Diese Männer – und auch die Kultur, die wir von ihnen geerbt haben – sind größtenteils unfertig oder sogar krank.

Solange Männer – und Frauen, die bei diesem Spiel mitmachen – diesen Mangel bzw. dieses Anti-Christentum, das sich als »Realität« ausgibt, nicht durchschauen, ist unsere Hoffnung, den *ganzen* Christus zu lieben, vergebens. Vielmehr werden wir uns durch diesen Mangel bedroht fühlen und – wie bisher – das Wagnis des Glaubens durch vertröstende Rituale ersetzen. Oft spiegeln diese »religiösen« Rituale nur unsere Geschäftswelt mit ihren Werten wie Gewinn, Leistung, Logik, Erfolg und Kontrolle wider. Doch das klappt einfach nicht! Wir haben es ja jahrhundertelang versucht. Es muß einen besseren Weg geben. Und es gibt ihn. Er heißt *Bekehrung*.

Bekehrung zu was? Bekehrung zu dem, was ich das *Nicht-Ich* nennen möchte. Damit meine ich Bekehrung zu dem *Anderen*, dem *Fremden*, dem potentiellen *Feind*. Anders gesagt: Männer müssen zum Weiblichen, Frauen zum Männlichen bekehrt werden. Vielleicht hat Gott deswegen der sexuellen Anziehungskraft so viel Macht gegeben. Wenn wir zu diesem Nicht-Ich bekehrt werden, verändert sich alles.

Durch diese Bekehrung werden wir ganz. Wir finden unsere Mitte. Wir können alles mit anderen Augen sehen, wir sind nicht mehr halbblind. Wir sehen die andere Seite der Dinge. Wir sehen, daß der Feind nicht Feind, sondern spiritueller Gehilfe ist. Es gibt nichts mehr zu verteidigen und nichts mehr, wovor wir Angst haben müßten, sobald wir unserem inneren Gegenpol begegnet sind und ihn angenommen haben.

Männliche Spiritualität würde die *Aktion* der *Theorie* vorziehen; sie würde den *Dienst an der Gemeinschaft* über religiöse und theologische *Diskussionen* und das *Aussprechen der Wahrheit* über den gesellschaftlichen *Anstand* stellen. Sie würde *Gerechtigkeit* höher bewerten als Harmonie. Ohne diese ergänzenden »männlichen« Tugenden ist Spiritualität allzu »weiblich« (im falschen Sinne!), nämlich durch zuviel Innerlichkeit und Beschäftigung mit Beziehungen gekennzeichnet; ein Sumpf von ungeklärten Gefühlen und grenzenloser Sorge um sich selbst.

Ich bin davon überzeugt, daß ein großer Teil der modernen, aufgeklärten Kirche sich im Sog falscher Weiblichkeit befindet. Das ist einer der Hauptgründe, warum sich Leute, die etwas »machen« und bewegen wollen, die andere aufrütteln und für Veränderungen kämpfen wollen, größtenteils von Kirchenleuten und Kirchengruppen abgewendet haben. Eine sehr engagierte Frau hat kürzlich zu mir gesagt: »Irgendwann hat man diesen Insider-Jargon satt, weil er offensichtlich nirgendwohin führt!« Falsche Weiblichkeit ist die Falle für diejenigen, die sich Müßiggang, ein angenehmes Leben und liberale Ideen leisten können. Sie leisten sich den Luxus des Nicht-Handelns! Genau dieser »Liberalismus« macht immun gegen die Ganzheit und Radikalität des Evangeliums.

Eine männliche Spiritualität würde Männer ermutigen, den radikalen Weg des Evangeliums zu gehen. Durch sie würden Männer ihren unverwechselbaren Zugang zum Evangelium finden, sie würden ihren unverwechselbaren Stil der Nachfolge entwickeln und ihr unverwechselbares Ziel definieren – ohne an sich zu zweifeln, ohne sich zu entschuldigen – und ohne die Frauen nachzuahmen. Dazu braucht ein Mann enormen Mut und Selbstdisziplin. Ein solcher Mann hat *Leben für andere*, und er ist sich dessen bewußt. Er hat es nicht nötig, andere unter Druck zu setzen, sie einzuschüchtern oder die Machtspiele zu spielen, die bei anderen Männern üblich sind. Er ist sich mit gelassenem Selbstvertrauen seiner Macht sicher. Er ist nicht eingebildet oder arrogant, sondern er *weiß Bescheid*. Er ist nicht bedürftig und braucht keine Statussymbole, denn er *ist*. Er braucht keine Marken-Aktentasche oder Designer-Unterwäsche, weil seine Identität in seinem Inneren gut aufgehoben ist. Er ist im Besitz seiner Seele und veräußert sie nicht leichtfertig an Unternehmen, an das Militär, an das Vaterland oder an das allgemein akzeptierte kollektive Denken.

Heilige sind solche ganze Menschen. Sie vertrauen ihrer männlichen Seele, weil sie dem *Vater* begegnet sind. Er hat sie Zorn, Leidenschaft, Macht und Klarheit gelehrt. Er hat sie aufgefordert, ihren Weg bis zum Ende zu gehen und den Preis dafür zu zahlen. Er hat seinen fruchtbringenden Samen mit ihnen geteilt, sein wirkmächtiges Wort und seinen erleuchtenden Geist. Heilige kommen mit ihrem Wissen *und* mit ihrem Nicht-Wissen zurecht. Sie können sich für etwas verantwortlich fühlen; sie können aber auch Verantwortung abgeben, ohne sich dabei schuldig oder unentbehrlich zu fühlen. Sie können Mißerfolge zulassen, weil sie ihrer Versagensangst einen Namen gegeben haben. Sie brauchen weder zu bejahen noch zu verleugnen, weder zu urteilen noch zu ignorieren. Aber sie sind frei, all das *auch* zu tun. Heilige sind unzerstörbar und unbesiegbar. Sie sind Männer!

Es gibt viele Gründe, warum es so lange gedauert hat, bis Männer sich auf die Suche nach ihrer Spiritualität gemacht haben. Der Staat benötigte für seine Zwecke immer nur angepaßte und gefühllose Männer. Und die »Heilige Mutter Kirche« war immer mehr an unreifen kleinen Jungs interessiert als an reifen und erwachsenen Männern. Ich bin überzeugt, daß es einen tieferen Grund gibt, warum Männer und Frauen bis heute ihrer männlichen Energie nicht vertraut haben: Die allermeisten Menschen der westlichen Welt leiden unter dem, was ich als »Vaterwunde« bezeichnet habe. Diejenigen, die diese Vaterwunde in sich tragen, sind nie von ihrem leiblichen Vater berührt worden. Entweder hatte er keine Zeit, keine Freiheit oder kein Bedürfnis danach. Das Ergebnis sind jedenfalls Kinder ohne männliche Energie. Ihnen fehlt Selbstvertrauen und die Fähigkeit, etwas zu tun und zu Ende zu bringen – gerade weil ihr leiblicher Vater ihnen nie vertraut hat.

Wenn es einen einleuchtenden Grund gibt, warum sich Gott als der *Vater Jesu* geoffenbart hat, dann den, daß die meisten Menschen gefühlsarm, kleingläubig und unsicher sind, weil sie nie diese Vater-Energie erlebt haben. Dem Apostel Philippus können wir alle uns anschließen, wenn er Jesus bittet: *»Herr, zeige uns den Vater, das genügt uns«* (Joh. 14,8). Wenn wir dieser Wunde nicht ins Auge sehen, wenn wir sie nicht fühlen und zu heilen versuchen, bin ich überzeugt, daß die meisten Menschen ihr Leben in der Pseudomännlichkeit fortführen werden: Business wie gehabt; unaufrichtige Macht statt aufrichtiger Ohnmacht. Und die Söhne und Töchter der nächsten Generation werden diesen Teufelskreis wiederholen – ohne je eine Vaterfigur erlebt zu haben.

Gibt es einen Ausweg? Ja. Aber nur für »Männer«, d.h. für Menschen, Männer wie Frauen, die bereit sind, zu *handeln*. Es gibt *keinen Weg* zur Männlichkeit. *Männlichkeit ist der Weg*. Also: Benenne die Wunde! Fühle und beweine sie. Das ist Stärke, nicht Schwäche. Suche das Angesicht des Vaters! Das ist *Aktivität*, nicht *Passivität*. Übernimm die Verantwortung für dein Leben und dein Tun ganz! Klage nicht an, bleib nicht in deiner Scham stecken, warte nicht auf warme Gefühle oder Wunder! Handle, als ob! Mach dich auf den Weg! Riskier etwas!

Man mag es meinetwegen »phallischen Glauben« nennen, jedenfalls zweifelt männliche Spiritualität nicht an dem *Samen,* der im Inneren aufgeht. Heutzutage fehlt es den Söhnen Gottes an Würde, Selbstvertrauen und echter Vollmacht. Wir sehen aus wie die Unterdrücker, doch zweifelt nicht daran, daß wir in Wirklichkeit selbst Unterdrückte sind! Wir haben den falschen Versprechungen des Systems noch mehr vertraut als die Frauen, und nun sind wir zwar oben, aber gefangen! Wir brauchen die Frauen, wir brauchen ihre weiblichen Seelen – und wir brauchen Väter und Brüder. Wir brauchen einen Gott, der *auch* männlich ist. Wir brauchen Innen *und* Außen, Kontemplation *und* Kampf.

DES TEUFELS RUSSIGER BRUDER

Ein abgedankter Soldat hatte nichts zu leben und wußte sich nicht mehr zu helfen. Da ging er hinaus in den Wald, und als er ein Weilchen gegangen war, begegnete ihm ein kleines Männchen, das war aber der Teufel. Das Männchen sagte zu ihm: »Was fehlt dir? Du siehst ja so trübselig aus.« Da sprach der Soldat: »Ich habe Hunger, aber kein Geld.« Der Teufel sagte: »Willst du dich bei mir vermieten und mein Knecht sein, so sollst du für dein Lebtag genug haben; sieben Jahre sollst du mir dienen, hernach bist du wieder frei. Aber eins sag' ich dir, du darfst dich nicht waschen, nicht kämmen, nicht schnippen, keine Nägel und Haare abschneiden und kein Wasser aus den Augen wischen.« Der Soldat sprach: »Frisch dran, wenn's nicht anders sein kann«, und ging mit dem Männchen fort, das führte ihn geradeswegs in die Hölle. Dann sagte es ihm, was er zu tun hätte: Er müßte das Feuer schüren unter den Kesseln, wo die Höllenbraten drin säßen, das Haus rein halten, den Kehrdreck hinter die Tür tragen und überall auf Ordnung sehen; aber guckte er ein einziges Mal in die Kessel hinein, so würde es ihm schlimm ergehen. Der Soldat sprach: »Es ist gut, ich will's schon besorgen.« Da ging nun der alte Teufel wieder auf seine Wanderung, und der Soldat trat seinen Dienst an und tat alles, wie es befohlen war. Wie der alte Teufel wiederkam, sah er nach, ob alles geschehen war, zeigte sich zufrieden und ging zum zweitenmal fort. Der Soldat schaute sich nun einmal recht um, da standen die Kessel rings herum in der Hölle, und es war ein gewaltiges Feuer darunter, und es kochte und brutzelte darin. Er hätte für sein Leben gerne hineingeschaut, wenn es ihm der Teufel nicht so streng verboten hätte. Endlich konnte er sich nicht mehr anhalten, hob vom ersten Kessel ein klein bißchen den Deckel auf und guckte hinein. Da sah er seinen ehemaligen Unteroffizier darin sitzen: »Aha, Vogel«, sprach er, »treff' ich dich hier? Du hast mich gehabt, jetzt hab' ich dich«, ließ geschwind den Deckel fallen, schürte das Feuer und legte noch frisch zu.

Danach ging er zum zweiten Kessel, hob ihn auch ein wenig auf und guckte, da saß sein Fähnrich darin: »Aha, Vogel, treff' ich dich hier? Du hast mich gehabt, jetzt hab' ich dich«, machte den Deckel wieder zu und trug noch einen Klotz herbei, der sollte ihm erst recht heiß machen.

Nun wollte er auch sehen, wer im dritten Kessel säße, da war's gar ein General: »Aha, Vogel, treff' ich dich hier? Du hast mich gehabt, jetzt hab' ich dich«, holte den Blasblag und ließ das Höllenfeuer recht unter ihm flackern.

Also tat er sieben Jahre seinen Dienst in der Hölle, wusch sich nicht, kämmte sich nicht, schnippte sich nicht, schnitt sich die Nägel und Haare nicht und wischte sich kein Wasser aus den Augen; und die sieben Jahre waren ihm so kurz, daß er meinte, es wäre nur ein halbes Jahr gewesen. Als nun die Zeit vollends herum war, kam der Teufel und sagte: »Nun, Hans, was hast du gemacht?« »Ich habe das Feuer unter den Kesseln geschürt, ich habe gekehrt und den Kehrdreck hinter die Tür getragen.« »Aber du hast auch in die Kessel geguckt; dein Glück ist, daß du noch Holz zugelegt hast, sonst war dein Leben verloren; jetzt ist deine Zeit herum, willst du wieder heim?« »Ja«, sagte der Soldat, »ich wollt' auch gerne sehen, was mein Vater daheim macht.« Sprach der Teufel: »Damit du deinen verdienten Lohn kriegst, geh und raffe dir deinen Ranzen voll Kehrdreck und nimm's mit nach Haus. Du sollst auch ungewaschen und ungekämmt gehen, mit langen Haaren am Kopf und am Bart, mit ungeschnittenen Nägeln und mit trüben Augen, und wenn du gefragst wirst, woher du kämst, sollst du sagen: ›Aus der Hölle‹, und wenn du gefragst wirst, wer du wärst, sollst zu sagen: ›Des Teufels rußiger Bruder und mein König auch‹.« Der Soldat schwieg still und tat, was der Teufel sagte, aber er war mit seinem Lohn gar nicht zufrieden.

Sobald er nun wieder oben im Wald war, hob er seinen Ranzen vom Rücken und wollt' ihn ausschütten. Wie er ihn aber öffnete, so war der Kehrdreck pures Gold geworden. »Das hätte ich mir nicht gedacht«, sprach er, war vergnügt und ging in die Stadt hinein. Vor dem Wirtshaus stand der Wirt, und wie ihn der herankommen sah, erschrak er, weil Hans so entsetzlich aussah. Er rief ihn an und fragte: »Woher kommst du?« »Aus der Hölle.« »Wer bist du?« »Dem Teufel sein rußiger Bruder und mein König auch.« Nun wollte der

Wirt ihn nicht einlassen, wie er ihm aber das Gold zeigte, klinkte er selber die Türe auf. Da ließ sich Hans die beste Stube geben und köstlich aufwarten, aß und trank sich satt, wusch sich aber nicht und kämmte sich nicht, wie ihm der Teufel geheißen hatte, und legte sich endlich schlafen. Dem Wirt aber stand der Ranzen voll Gold vor den Augen und ließ ihm keine Ruhe, bis er in der Nacht hinschlich und ihn wegstahl.

Wie nun Hans am andern Morgen aufstand, den Wirt bezahlen und weitergehen wollte, da war sein Ranzen weg. Er faßte sich aber kurz, dachte: ›Du bist ohne Schuld unglücklich gewesen‹, und kehrte wieder um, geradezu in die Hölle. Da klagte er dem Teufel seine Not und bat ihn um Hilfe. Der Teufel sagte: »Setze dich, ich will dich waschen, kämmen, schnippen, die Haare und die Nägel schneiden und die Augen auswischen«, und als er fertig war, gab er ihm den Ranzen wieder voll Kehrdreck und sprach: »Geh hin und sage dem Wirt, er sollte dir dein Gold herausgeben, sonst wollt' ich kommen und ihn abholen, und er sollte an deinem Platz das Feuer schüren.«

Hans ging hinauf und sprach zum Wirt: »Du hast mein Gold gestohlen, gibst du's nicht wieder, so kommst du in die Hölle an meinen Platz und sollst aussehen so greulich wie ich.« Da gab ihm der Wirt das Gold und noch mehr dazu und bat ihn, nur still davon zu sein; und Hans war nun ein reicher Mann.

Hans machte sich auf den Weg heim zu seinem Vater, kaufte sich einen schlechten Linnenkittel auf den Leib, ging herum und machte Musik; denn das hatte er beim Teufel in der Hölle gelernt. Es war aber ein alter König im Land, vor dem mußt' er spielen, und der geriet darüber in solche Freude, daß er dem Hans seine älteste Tochter zur Ehe versprach. Als die aber hörte, daß sie so einen gemeinen Kerl im weißen Kittel heiraten sollte, sprach sie: »Eh' ich das tät', wollt ich lieber ins tiefste Wasser gehen.« Da gab ihm der König die jüngste, die wollt's ihrem Vater zuliebe gern tun; und also bekam des Teufels rußiger Bruder die Königstochter und, als der alte König gestorben war, auch das ganze Reich.

Die Märchen der Gebrüder Grimm schöpfen offenkundig aus der Tiefenpsyche des deutschen Volkes, in der die Deutschen mehr Kontakt mit ihrem instinktiven Selbst hatten und weniger verkopft waren. Die Geschichte vom rußigen Bruder des Teufels könnte uns am Ende des gemeinsamen Weges etwas wichtiges sagen:

Der junge Mann ist nach seiner Armeezeit unterwegs im Wald und macht sich Sorgen über seine Zukunft. Wohin wird das Leben ihn führen? Da begegnet er seiner dunklen Seite in der Gestalt seines »dunklen Bruders«, der in dieser Urfassung des Märchens abwechselnd als »Männchen« und als der »Teufel« bezeichnet wird. Das Männchen verspricht dem abgedankten Soldaten genügend Lohn für ein ganzes Leben, wenn er ihm dafür sieben Jahre lang dient – ohne den Körper zu pflegen oder in irgendeiner Weise »zivilisiert« zu sein.

Der junge Mann folgt der Gestalt in die Tiefe. Es ist bemerkenswert, daß Seelenarbeit gewöhnlich als Abstieg in die Finsternis verstanden wird – und niemals als Aufstieg zu einfachen Antworten. In der Unterwelt muß er das Feuer unter drei Kesseln mit »Teufelsbraten« schüren und das Haus in Ordnung halten. Den Kehrdreck soll er hinter der Tür aufbewahren. Und er darf auf keinen Fall einen Blick in die drei Kessel werfen.

Er beginnt mit der anstrengenden Arbeit, bis er natürlich nach einiger Zeit wissen will, was in den Kesseln ist. Er lüpft den Deckel des ersten und entdeckt zur eigenen Verblüffung seinen ehemaligen Unteroffizier, der ihn in der Armee schikaniert hat. Begeistert legt der Ex-Soldat Holz nach, um diesen Braten kräftig schmoren zu lassen. Später findet er in den beiden anderen Kesseln den Fähnrich und den General und setzt hoch motiviert sein Werk fort.

Wenn immer in einer Geschichte etwas verboten wird, wird es mit größter Wahrscheinlichkeit dennoch getan werden. Ja, das muß geradezu passieren. Das Verbot muß übertreten werden. Auf diese Weise ruft uns der Geschichtenerzähler zu Aufmerksamkeit und Bewußtwerdung. Man

Des Teufels rußiger Bruder: Hans kehrt in die Hölle zurück

sollte annehmen, es wäre seit der Geschichte mit Adam und Eva klar, daß es so ist. Aber der westliche Rationalismus weiß nicht mehr, wie man große Geschichten hört und versteht.

Offensichtlich wird dem jungen Mann gesagt, daß er seine Vaterfiguren »schmoren« lassen muß: Er braucht Zeit, um die vorgefertigten Antworten und Autoritäten seines bisherigen Lebens zu reflektieren. Er muß dunkle und gefahrvolle Reisen in die eigene »unzivilisierte« Unterwelt unternehmen, bevor er den tieferen Grund seines Daseins finden kann. Der Abfall dieser »Dreckarbeit«, des Abstiegs, der Reflexion, der inneren Kämpfe und der Selbst-Läuterung (die durch das Feuer symbolisiert wird) muß hinter der Tür aufbewahrt werden. Denn alles gehört dazu und ist kostbar, alles hat uns etwas zu lehren, nichts ist nutzlos oder ohne Wert – einschließlich der Erfahrungen von Ablehnung und Betrug, einschließlich der schlechten Väter. In der zeitgenössischen Film-Trilogie »Krieg der Sterne« muß sich *Luke Skywalker* gegen *Darth Vader* erproben, um den eigenen Namen und das wahre Gesicht seines Vaters zu entdecken.

Schließlich kehrt der dunkle Bruder zurück. Aber er bestraft Hans nicht für seine Neugierde. Im Gegenteil: Die Tatsache, daß Hans seine Autoritäten wirklich »ausgekocht« hat, anstatt sich von ihnen weiterhin beeindrucken oder lähmen zu lassen und womöglich die Arbeit einzustellen, rettet ihm das Leben!

Die Zeit in der Unterwelt ist vorbei. Den Kehrdreck, der hinter der Tür liegt, soll er in seinem Ranzen mit nach Hause nehmen. Aber noch immer darf er sich nicht »zivilisieren«. Und wenn er nach dem Namen gefragt wird, soll er sagen: »Ich bin des Teufels rußiger Bruder *und mein König auch*!« Durch den Abstieg in die Dunkelheit, durch das Durchleben der Finsternis und das Auskochen der falschen Väter und Autoritäten hat er selbst innere Autorität gewonnen, ist er sein eigener *Vater* und *König* geworden!

Erst als sich der junge Mann vom Teufel verabschiedet hat und wieder allein ist, bemerkt er, daß aus dem Dreck Gold geworden ist. Die symbolische Bedeutung dieser Verwandlung bedarf an dieser Stelle keiner weiteren Erläuterung. Dummerweise verrät er am Abend dem Wirt, daß er einen Ranzen voller Gold besitzt und wird natürlich, während er schläft, bestohlen. Wachsamkeit im Umgang mit dem, was wir errungen haben, ist überaus wichtig!

Er hat sein Gold zu schnell gezeigt. Er hat – um das biblische Bild zu gebrauchen – die »Perlen vor die Säue geworfen«. Er hat zu rasch über seine tiefe Wahrheit und seine Erfahrung berichtet. Er hat das Gold hergegeben, bevor er es sich wirklich angeeignet hatte.

Hüten wir uns vor diesem Fehler! Reden wir nicht zu schnell über unsere Erfahrungen, bevor sie nicht wirklich *unsere* Erfahrungen und unsere Wahrheit geworden sind! Erinnern wir uns an Heinrich Zimmer: »Über die besten Dinge kann man nicht reden. Die zweitbesten werden fast immer mißverstanden. Deswegen verschwenden wir den größten Teil unseres Lebens damit, über die drittbesten Dinge zu reden.«

Der abgedankte Soldat muß noch einmal zurück und sich das Gold ein zweites Mal bewußt aneignen. Erst jetzt ist er reif, in die »zivilisierte« Welt zurückzukehren. Der dunkle Bruder wäscht ihn und bereitet ihn auf die Rückkehr vor.

»Nebenbei« hat Hans in der Unterwelt noch etwas gelernt: Er kann musizieren. Er hat zur eigenen Kreativität und Vitalität gefunden und kann damit andere anstecken. Wie David mit seinem Harfenspiel den bösen Geist von König Saul vertrieb, gewinnt auch Hans durch seine Musik das Herz des Königs. Der König will ihm seine älteste Tochter zur Frau geben. Aber die älteste Königstochter hat sich einen übermäßig rationalen (animosen) Geist angeeignet, der sich als Hochnäsigkeit und Kritiksucht manifestiert und nicht in der Lage ist, menschlicher Zuneigung und Liebe Raum zu geben. Die jüngere ist immerhin in der Lage, sich »dem Vater zuliebe« auf die Beziehung einzulassen. Der Vater steht in diesem Fall für Wärme, Liebe und Freundlichkeit. Die Liebesfähigkeit der jüngeren Tochter ist zunächst an den Vater gebunden, kann sich aber über diese Brücke auf Hans ausweiten. Hans erbt das Reich. Er ist jetzt in der Lage, die innere königliche Autorität, die er in der »Unterwelt« gewonnen hat, in Verantwortung für die Außenwelt umzusetzen.

* * *

Noch einmal: Wir brauchen Geduld! Reden wir erst, wenn wir eine Weile geschmort und uns dies alles zueigen gemacht haben. Die Seiten dieses Buches sind der Versuch, zumindest über die zweitbesten Dinge zu reden, das »Vorletzte«, wie Dietrich Bonhoeffer sagt, das auf das Beste, das Letzte verweist und oft mißverstanden werden wird.

Und quälen wir uns nicht allzu angestrengt, etwas zu erreichen, so, als läge die ganze Last allein auf unseren Schultern! Gott selbst ist der dunkle Bruder, der mit uns hinabfährt in die Hölle und der uns wieder heraufführt in den großen Aufstieg. Vor dem ersten haben wir Angst. Das zweite bezweifeln wir.

WEITERE TITEL VON R. ROHR

Die Reise nach Assisi NEU
Gemeinschaft der Verwundeten –
Erfahrungen mit der radikalen
Mystik des Franz von Assisi
*Fest geb., DM 34,–, sFr 35,50, öS 265,–,
ISBN 3-532-62148-7*

Eine Reise mit Richard Rohr auf
den Spuren des Franz von Assisi.
Eine Einladung zum Mitreisen
und zur Hinwendung zum franziskanischen Weg, d.h. zum Armen,
Kleinen, Verletzlichen und
Verwundeten – auch in uns selbst.

Der wilde Mann
Geistliche Reden zur
Männerbefreiung
*17. Aufl., Pb., DM 18,80, sFr 19,80, öS 147,
ISBN 3-532-62042-1*

Ein Plädoyer für die Freiheit von
sexistischen, biographischen und
gesellschaftlichen Klischees,
Fixierungen und Zwängen.

Der nackte Gott
Plädoyers für ein Christentum
aus Fleisch und Blut
*7. Aufl., 1Pb., DM 18,80, sFr 19,80, öS 147,–,
ISBN 3-532-62061-8*

Eine Theologie der Befreiung für
das Abendland, ein Christentum
aus Fleisch und Blut.

**Von der Freiheit loszulassen –
Letting go**
*4. Aufl., Pb., DM 18,80, sFr 19,80, öS 147,–,
ISBN 3-532-62108-8*

Spiritualität ist die Lehre vom Los-
lassen: Alle großen kontemplatven
Lehrer führen uns in diese
Richtung.

TITEL ZUM ENNEAGRAMM

Richard Rohr/Andreas Ebert
Das Enneagramm
Die 9 Gesichter der Seele
*20. Aufl., Pb., DM 29,80, sFr 30,80, öS 233,–,
ISBN 3-532-62088-X*

Mit 20 Auflagen das unumstrittene
Standardbuch zur Einführung in
die kontemplative Psychologie des
Enneagramms.

Andreas Ebert/Richard Rohr
**Erfahrungen mit dem
Enneagramm**
Sich selbst und Gott begegnen
*3. Aufl., Pb., DM 32,80, sFr 34,30, öS 256,–,
ISBN 3-532-62110--X*

Eine „Zwischenbilanz" zur
Vielfalt der Arbeitsmöglichkeiten
mit dem Enneagramm. Mit neu
entwickeltem Enneagramm-
Typen-Test von Markus Becker.

Markus Becker
Enneagramm Typen-Test ETT
Sonderdruck aus „Erfahrungen mit
dem Enneagramm"
*4. Aufl., Broschur, DM 3,90, sFr 4,40, öS 31,–
+ Staffelpreise, ISBN 3-532-621130-4*

Margaret Frings Keyes NEU
Enneagramm und Partnerschaft
Ein Arbeitsbuch für Einzelne,
Gruppen und Paare
*99 Enneagrammfragen, Partnerschaftsübungen
und Übersichtstafeln; Pb., DM 29,80, sFr 30,80,
öS 233,–, ISBN 3-532-62142-8.*

Waltraud Kirschke NEU
Enneagramms Tierleben
2 x 9 Fabeln
*Pb., DM 24,80, sFr 25,80,–, öS 194,–,
ISBN 3-532-62155-X*

In 2x9 Fabeln wird das Charak-
terbild eines jeden Typs humorvoll
und anschaulich illustriert.

Claudius Verlag · Birkerstraße 22 · 80636 München · Tel.: 089 / 12 69 00-0

BÜCHER FÜR IHR PERSÖNLICHES WACHSTUM

Richard Bents/Reiner Blank NEU
Der M.B.T.I.
Die 16 Grundmuster unseres Verhaltens – Eine dynamische Persönlichkeitstypologie
Deutsche Originalausgabe, Pb., DM 30,–, sFr 31,50, öS 234,–, ISBN 3-532-62132-0

Das erste deutschsprachige populärwissenschaftliche Einführungsbuch zu einem der am häufigsten angewendeten und zuverlässigsten Instrumentarien zur Ermittlung von Persönlichkeitsprofilen.

Peter Campbell / Edwin McMahon
BioSpiritualität
Glaube beginnt im Körper
Pb., DM 29,80, sFr 30,80, öS 233, ISBN 3-532-62129-0

Die Einfachheit des persönlichen Veränderungsprozesses wird in bestechender Weise von den beiden Autoren didaktisch umgesetzt.

Andreas Ebert
Auf Schatzsuche
12 Expeditionen ins Innere des Christentums
2. Aufl., Pb., DM 24,80, sFr 25,80,–, öS 194,–, ISBN 3-532-62093-6

Ein Glaubensbuch für einzelne und Gruppen mit praktischen Angeboten und lebensnahen Impulsen.

Für Richard Rohr: NEU
Himmel und Erde verbinden
Ein Lesebuch
Pb., DM 24,–, sFr 25,–, öS 187,–, ISBN 3-532-62145-2

Mit diesem Buch wollen wir Richard Rohr danken und viele Menschen teilnehmen lassen an den heilsamen Prozessen, die er ausgelöst hat.

Matthew Fox
Der Große Segen
Umarmt von der Schöpfung –
Eine spirituelle Reise auf vier Pfaden durch sechsundzwanzig Themen mit zwei Fragen
Pb., DM 36,–, sFr 37,50, öS 281,–, ISBN 3-532-62112-6

Ein Buch zum Durchatmen, bei dem die Schlacken eines überholten, angstmachenden Gottesbildes vom Leser abfallen. *Andreas Ebert*

Gerald May NEU
Sehnsucht, Sucht und Gnade
Aus der Abhängigkeit zur Freiheit
Pb., DM 29,80, sFr 30,80, öS 233,–, ISBN 3-532-62147-9

Gerald May ist ein Lehrer, dem wir uns bei der Suche nach Weisheit anvertrauen können. *R. Rohr*

M. Scott Peck
Die Lügner
Eine Psychologie des Bösen – und die Hoffnung auf Heilung
Pb., DM 29,80, sFr 30,80, öS 233,–, ISBN 3-532-62101-0

Das Buch ist fesselnd, frustrierend, kontrovers, paradox und revolutionär. Peck hilft, den Balken im eigenen Auge zu sehen.

Brian Swimme
Das Universum ist ein grüner Drache
Ein Dialog über die Schöpfungsgeschichte oder von der mystischen Liebe zum Kosmos
engl. Brosch., DM 26,–, sFr 27,–, öS 203,–, ISBN 3-532-62111-8

Es ist ein Hoffnungszeichen, ein Liebeslied auf die Erde und das Universum, eine Ursprungsgeschichte der Welt voll Ehrfurcht und Bewunderung. *Jörg Zink*

Claudius Verlag · Birkerstraße 22 · 80636 München · Tel.: 089 / 12 69 00-0